私域流量

从0到1
搭建私域流量池的
方法论

祝福 / 著

机械工业出版社
CHINA MACHINE PRESS

本书通过分析私域流量的发展历程、基本特征和规律，对私域流量是什么，为什么要做私域流量，怎么获取私域流量，如何从 0 到 1 搭建自己的私域流量池，如何长期经营私域流量，如何做好内容营销，如何获取源源不断的精准流量，如何打造 IP 等主题进行了详细讲解，以期给读者提供一个连接用户、筛选用户、经营用户的方法体系。

图书在版编目（CIP）数据

私域流量：从 0 到 1 搭建私域流量池的方法论 / 祝福著. —北京：机械工业出版社，2019. 12
ISBN 978 - 7 - 111 - 64330 - 2

Ⅰ. ①私…　Ⅱ. ①祝…　Ⅲ. ①网络营销　Ⅳ. ①F713. 365. 2

中国版本图书馆 CIP 数据核字（2019）第 275660 号

机械工业出版社（北京市百万庄大街 22 号　邮政编码 100037）
策划编辑：坚喜斌　　　责任编辑：坚喜斌　侯春鹏
责任校对：黄兴伟　　　责任印制：郜　敏
北京中兴印刷有限公司印刷

2020 年 1 月第 1 版 · 第 1 次印刷
169mm × 239mm · 12. 25 印张 · 134 千字
标准书号：ISBN 978 - 7 - 111 - 64330 - 2
定价：59. 00 元

电话服务	网络服务
客服电话：010-88361066	机　工　官　网：www. cmpbook. com
010-88379833	机　工　官　博：weibo. com/cmp1952
010-68326294	金　　书　　网：www. golden-book. com
封底无防伪标均为盗版	机工教育服务网：www. cmpedu. com

谨以此书献给我的家人，谢谢你们！

愿儿子祝翊诚健康、快乐地成长！

流量不是只用于成交一个目的；

每一个流量的背后都是一位有血有肉的用户！

推荐序一

10 年前，祝福先生曾是我的合作伙伴，他以勤奋好学与严谨治学给我留下很深印象。

很少有人知道——他曾是北京某三甲医院的临床医生，从医院出来以后，竟然选择做基层的电话销售。从“被人求”到“到处求人”，这一关在心里并不好突破，然而敢于突破自己的人才是厉害角色，祝福做到了！他的销售业绩很不错，1 年内升任了销售经理、销售总监。再后来又在我身边做了 3 年助理，那时我们的公司是中国咨询行业最大的公司之一。

10 年前，祝福先生做电话销售的时候，就已经摸索出来一套自己的方法：他会先打大量电话把意向客户筛选出来，然后把我的畅销书《一度战略》仔细研读数遍，把里面核心的观点、金句变成 100 段“内容”，每段两条短信（140 字）发给客户，在短信的最后还会署上自己的名字。这样早晚固定时间各发一条，可以连续发 2 个月不重复。

今天，他谈的“私域流量”的运营方法，在 10 年前他就已经在使用了：打电话把客户从“公域流量池”（海量的电话名单）里筛选出来，将意向客户装进“私域流量池”（手机通讯录）里，然后给用户带去价值，长期经营用户。他这样做，效果比单纯打电话推销课程好太多了，有很多的大客户都是因为多次看到充满干货的短信内容（内容营销）而主动找他合作，成为他的买单用户。而他发短信的方式，和他在本书第 3 章里谈到的“发好朋友圈的模板”如出一辙！此书的实战价值可见一斑。

祝福先生的私域流量方法论来源于实践，是说他所做、做他所说，更是他十年磨一剑的结果，这本书，从理论、方法、落地实操等方面，为想学习、掌握、精通私域流量运营的读者，提供了一套完整的解决方案。

祝福先生还是我今年出版的《移动营销管理》的共创者，目前本书已经成为国内外多所大学的教辅读物，祝福参与了其中“IP 方法论”部分的编写，深受营销界好评！从 IP 方法论到私域流量，都反映了新经济的客观规律，是新世界市场的逻辑，本书捕捉到了趋势！

私域流量，买这本就对了！

华红兵

著名品牌营销策划专家

推荐序二

实践出真知，这是我对祝福先生最深的印象。2019 年 12 月，我刚刚邀请祝福先生来到我在北京举办的“峰火文创大会”上分享“私域流量的本质”，他讲得逻辑严谨、条理清晰、直击本质。

他是一位辛勤耕耘的实操派，四年前我就经常在微信朋友圈看到他写的新媒体运营的文章，也正因为此，2017 年 4 月我就曾邀请他在首届“峰火文创大会”上，作为“新媒体运营”的主题演讲嘉宾。

而今他又在第一时间推出“系统的私域流量方法论著作”，这背后一定有他多年实操经验的积累和总结，是厚积薄发的结果。

随着移动互联网用户红利、流量红利的衰退，流量私域化一定是未来的趋势！祝福先生研究的私域流量，不仅在理论上高屋建瓴，更是在私域流量运营实操上指明了清晰的实现路径。很多人追寻偏方秘籍，其实营销管理的常识就是秘籍，因为营销的本质并没有变。谁能从本质上把握营销的动态变化，谁能用好当下的移动互联网的应用和工具，谁能在“留量”为王的时代经营好私域流量，谁就能从流量“红海”走进“蓝海”，继而开创自己的“领海”。

这本书可以作为“私域流量”领域的工具书使用！

陈少峰

北京大学哲学系教授、博士生导师，

北京大学文化产业研究院副院长、峰火文创学院院长

推荐序三

今天的中国正在经历一场新的商业革命。在这场革命中，会有一批人、一批企业崛起，也会有一批人、一批企业倒下！崛起的一批人，就是掌握了时代的趋势，借助趋势起飞的一群人。祝福老师的新书《私域流量》是帮助赢得这场新商业革命胜利的宝典，更是营销人员、新媒体从业者、IP 运营者的必读书。

移动互联网的红利成就了一大批 80/90 后的新富豪，比如滴滴程维、饿了么张旭浩、摩拜胡炜玮等，他们有一个共同的特点，都擅长跟流量打交道。新商业革命的底层逻辑发生了颠覆性的变化，这个变化就是：一切快速积聚财富的方式本质上都是由流量产生的。对于草根创业者，未来有两种生意可做，一是做流量的生意；二是和有流量的人一起做生意。流量在哪里，财富就在哪里！

私域流量是新商业革命的强大引擎。祝福老师说“生意的本质是流量”，一语道破天机。再好的产品，再好的商业模式如果没有流量，就没有交易的产生。流量的获取能力决定了生意的生死存亡；流量的转化能力决定了生意的收入；流量的转化成本决定了生意的成本。尤其在今天流量比地段还要贵的时代背景下，建立私域流量才是商业成功的法宝。祝福老师在本书中介绍了大量的实操方法、实用工具，最关键的是给予了正确的理论指导。

雷军有三个观点极其有价值：第一，小米主营业务是手机，其本质是优质流量，手机只是流量的入口和载体；第二，用户才是小米最宝贵的资产；第三，和用户做朋友，用户就是流量。有了这些对小米价值观认可的用户，能做的事情太多了。雷军的这三个观点就是对私域流量最好的诠释。祝福老师的《私域流量》是这个时代的必读教材。一本好书至少要读5遍以上，才能读出书中的精华，才能融会贯通，为己所用！我建议《私域流量》这本书至少要读5遍，相信5遍过后你的功力将倍增，你的人生将燃起新希望！

与祝福老师相识十年，我对祝老师的评价是“祝福是个好人”，有良知、有正义感、有极强的学习能力、更有着丰富的实操经验！期待《私域流量》这本书能够帮助更多的人、更多的企业成就更加辉煌的事业，打开财富新思维。

付守永
知名财经作家
入选2018年新时代中国经济领军人物
畅销书《工匠精神》《路演大师》作者

推荐序四

我在合肥认识的小兄弟——祝福老师，专注于新时代的新营销，用心耕耘多年，已经形成了自己独特的见解！我曾多次和他见面深聊，我们在营销和经营理念上高度一致。尤其难得的是，他通过自学传播学，再加上多年一线的新媒体运营实操经验，把经典的传播学原理运用到了极致！

在信息化时代，商业乃至整个社会都在被全面地“移动互联网化”，蓬勃发展的社交媒体成为主流的传播/营销工具。祝福老师的一个观点不无道理：今天的营销越来越等于传播。这大概就是他之所以如此钻研传播学的原因，更难能可贵的是——他能把枯燥的传播学理论用大白话讲得那么透彻，而且将之工具化、实操化、模板化，然后应用于社交媒体运营的实践——高效率地获取精准流量。这是互联网上的独一份。

在私域流量的研究和实践中，祝福老师总结出“私域流量的七大来源”，其中内容营销是越来越重要的一大来源。通过“学好传播学—建立新媒体思维—做好内容营销—获取源源不断的精准流量—搭建私域流量池—长期经营用户—获取高转化”的路径，用存量带增量，祝福老师已经构建起一套完整的“从 0 到 1 搭建私域流量池”的方法论体系。

希望这本书能为越来越多的企业带去“流量解药”，从而缓解增长焦虑！

张洪新

安徽老乡鸡集团副总裁、领航汇企业家导师

前　言

中国的移动互联网经历十余年的发展，成功培养了11亿多用户的使用习惯。移动社交成为中国消费者个人关系管理的中枢，生活/购物与社交的多维需求高度交织融合。尤其是消费互联网，更是被开垦成了一块商业熟土。直至近二三年来，用户红利、流量红利愈发明显地触顶并难以再现爆发式增长的可能，移动互联网的红利期已然结束了。

QuestMobile发布的《2019年中国移动互联网春季报告》显示，国内移动互联网用户规模已达11.38亿，增长进一步放缓，整个第一季度里，月活增长只有762万，同比下降300多万，更重要的是，用户使用时长的增长也在放缓。各大视频、电商、外卖、音乐和语音等平台近期集中推广付费会员，目的不仅是收取会员费，更主要是为了刺激用户时长、获取私域流量和增强消费黏性。

移动互联网的下半场，疯狂的流量增长时代已经封场关停！企业若想打破流量瓶颈，就需要将博弈的阵营从“增量市场”转向“存量市场”，搭建自己的私域流量池，长期经营用户，深耕细作，用存量带增量，从而寻找新的增长红利。

近期“私域流量”走红，百度搜索指数已经超过“增长黑客”。这一概念崛起的背后，本质是企业的增长焦虑，它代表着企业思维**从流量收割到经营用户**的转变。

如今互联网流量被巨头高度垄断，优质的流量洼地越来越少，使得新增用户到达了瓶颈状态。流量已经进入一个不进则退的“存量博弈”阶段，各个渠道的转化率急速下降。“流量为王”的时代已经远去，“留量为王”的时代已经到来。

如何全渠道获取精准流量，搭建自己的私域流量池，找到新的商机呢？

这本《私域流量：从 0 到 1 搭建私域流量池的方法论》是我花了大力气写的，几个月中每天都奋战到夜里两三点，在总结过去 7 年一线新媒体运营实践，翻阅过去几年我写下的近百万字 IP 营销运营笔记，又持续打磨 1 000 小时的基础之上撰写而成。

本书通过分析私域流量的发展历程、基本特征和规律，对私域流量是什么，为什么要做私域流量，怎么获取私域流量，如何从 0 到 1 搭建自己的私域流量池，如何长期经营私域流量，如何做好内容营销，如何获取源源不断的精准流量，如何打造 IP 等主题进行了详细讲解，以期给读者提供一个连接用户、筛选用户、经营用户的方法体系。相信大家看后，一定会有“教科书”“工具书”的感觉，因为这些内容全部来源于实操经验的总结。

本书围绕以下主线展开：私域流量的过去、现在、将来—私域流量的本质—私域流量的七大来源—新媒体传播学及其实践应用—建立新媒体思维—布下内容之网—连接用户—筛选用户—获取源源不断的精准流量—修建流量之渠—搭建私域流量池—长期经营用户—用存量带增量—打造 IP—IP 是最稳定、最安全、最高级的私域流量池。

如果读完一遍或多读几遍之后，能够把这条主线画出来，就说明您已经在理论上掌握了本书所讲的方法，剩下的就是在实践中践行这些方法。

作者

2019 年 11 月

Contents

目　录

CHAPTER ONE

第 1 章

私域流量的过去、现在和未来

第 1 节 流量的焦虑

生意的本质是流量！最近两三年来，谈流量的老师和文章越来越多，与流量有关的大会小会都很吸引人。谈“引爆”“爆品”“爆款”“爆粉”“裂变”的也多了起来。人们对这些“爆”有多渴望，就说明了流量有多匮乏。流量一定是越来越贵的，对于流量，大家普遍一筹莫展，眼睛里带着渴望，都想找到一种方法获取又便宜又精准的流量。

一位做了近 10 年广告投放的在线教育创业者透露，百度关键词的竞价价格在过去 10 年里涨了十几倍。而身处流量成本最高的行业，此前一位 P2P 创业者的获客成本从 2015 年的 200 ~ 300 元涨到了 2017 年的 1 000 元左右。

虽然流量在变贵，但移动互联网红利还在的时候，买来的流量还能有不错的转化，可现在流量贵了不说，买流量带来的转化率还一直在下跌。我之前曾看过 36 氪的一篇报道，一位自媒体创业者说他在广点通的投放效果经历了断崖式下跌，和 3 年前相比，现在的成本是过去的 3 ~ 5 倍，但转化率只有过去的1/10。这就迫使他不断地去寻找新的、红利尚存的渠道。

“流量成本”这道门槛的抬升也意味着既不缺钱，也不缺资源的头部企业将变得越来越强，马太效应会进一步加剧。

前几个月，我的一个家居建材行业的朋友说，他们获客成本的单价接近 7 000 元了，而且还不是说有就有。

招商难、运营难、盈利难、同质化严重，归根结底表现为“流量危机”，用户增长困难，抢夺激烈，而转化率非常低。流量转化率很难超过 6%，约 94% 的流量白白地被浪费掉了。

脉脉上，一位小米高级产品运营师发动态说，App 的次日留存一般为 30% 左右，月留存为 8% 左右。一些特殊产品，比如美柚，月留存可以达到 22% 左右。也有一些表现很差的，如百度知道、暴风影音，月留存为 4% 左右，恐怕再怎么努力也很难把日活提高到 100 万……

3 天流失 77%，30 天流失 90%，90 天流失 95%，这是当前所有 App 的平均流失数据。除了那些把用户时间抢完的头部应用以外，市场上的多数产品都面临留存难题。即便强如微信，公众号的打开数据也已尴尬到不能直视。

拉新 10 000，3 个月后留下 500，如果用户留存时间够久，放大规模其实也是好生意，想办法提升 ARPU（每用户平均收入）值就可以了。但祸不单行，互联网用户红利消失了，2019 年第一季度移动端用户增量仅有 760 万，这对于 450 万款 App 来说，打得头破血流也不够分。

这是要命的！

如果不是特别大的公司，有很多钱投入的公司，新做的 App 几乎没什么机会。

一个 App 的安装成本为几百元，而三个月后，90% 多都流失掉了。App 也是一个私域流量池，如果不是特别大、特别有钱的公司，就不要企图挑战去新做一个 App，中小企业做 App 几乎必死无疑。

流量越来越贵是无可争论的事实，从整个大环境来看，获取流量的成本还会越来越高。过去几年里，互联网的创业思路是“先圈粉再卖货”，即先把流量用“吸粉”的方式吸过来，然后再考虑变现的问题，这就导致了互联网流量的争夺以“烧钱”为前提，最后不可避免地向巨头站队求救，加快了流量汇聚在巨头手里的速度，流量获取成本只增不减。

营销，就是企业的造血能力！企业现在普遍都有流量的焦虑，大家纷纷寻找流量洼地。过去用烧钱的方式买来的用户，不继续砸钱就没有了。这种失去造血功能、仅靠输血活命的方式，在医学上，也只能维持一段时间的生命。

其实，大家对于流量的焦虑一直存在！在十几年前的门户时代，大家就抱怨流量都被门户网站吸走了；在搜索引擎时代，抱怨流量都被有钱的品牌竞价买走了。可每年都有一些超级 App 诞生，每年都有非常多的新品牌涌现，尤其这两年各种小众品牌出现在大家视野，各种年入千万元甚至过亿元的个人创业者不断充斥着媒体的头条。这不免让我们更加焦虑。

前几年我们都在聊**用户增长**，今年开始铺天盖地地聊**私域流量**。今年做新媒体运营的人，好像不谈点“私域流量”就要被运营圈淘汰了。其实这代表了大家开始从“流量思维”向“用户思维”的转变，这是国内互联网用户增长见顶以后产生的流量焦虑。虽然大家都还在说流量，但观念上不得不有所转变了。增长从本质上讲还是拉新用户，私域流量反而着重于老用户的长期个性化的运营，增进关系和交情，以提升活跃度、忠诚度和复购率。

移动互联网的发展已然到达瓶颈，所有市场到最后都会变成**存量**市场。当前互联网已经成为存量市场，基本失去了成为大而全的平台的机会，**深耕细分领域，做小而美的利基市场，也许才是当前的流量解药**。

做好这些需要我们要**从经营产品向经营用户**转变，将经营产品从早期的增长—驱动—留存，转变为留存—驱动—增长，用存量找增量。理论上，留存老客户比开拓新客户容易七倍。

从大而全到小而美，从增长黑客到私域流量，不仅是移动互联网下半场的流量解药，而且是移动互联网在相当长一段时间里的运营趋势。

第 2 节　流量的变迁史

互联网的出现让传统营销逐渐失去影响力。二十余年的中国互联网发展史其实也是一部流量简史。

◎广播抢走了纸质媒体的观众；

◎电视侵蚀了广播的“大饼”；

◎互联网吸走了所有这些旧平台上的观众；

◎现在的社交媒体又以压倒性优势攻占了前面各个平台的领地。

电视广告的流量——主要是广而告之和明星代言轰炸式的品牌曝光，为线下渠道和招商代理输送流量，同时也利用电视台的背书做文章。中国的老百姓认为，能上 CCTV、能请得起明星代言、销量遥遥领先的就是有实力的品牌，就是大品牌，就有面子。比起不知名的品牌，当然买电视上看到过的商品更让人放心了。通过纸媒广告获取流量的原理与此相同。

门户网站的流量——在门户时代，门户网站是最大的流量入口，那个时候搞定门户网站，几乎就搞定了互联网流量。早期的互联网是浏览器之争，谁的浏览器做得好，让用户便利地获得他想要的信息，谁就能赢。慢慢地互联网又变成了“屏幕”之争，PC 屏本身也打败了电视屏，后来 PC 屏又被手机屏打败。

百度搜索的流量——随着互联网的发展和信息的过剩，大家产生了对搜索引擎的依赖。人们因为某种需求而在百度上搜索，这种找答案的人是天然的精准流量，企业通过付费，投放、购买关键词，从而来获得百度的引流。淘宝、京东、拼多多本质上其实也是广告公司，获取流量的原理同百度。

社交媒体的流量——今天，社交媒体的出现和普及带来了三大百年未有之巨变：①把每一个普通人都变成了媒体；②极大摧毁了之前所有的传播手段；③用户都聚在线上的“人网”里，传统营销方式的获客成本无限增大了。

从 2009 年 8 月 28 日微博正式上线开始，社交媒体以风暴一样的速度席卷中国互联网。2011 年微信出现，2012 年今日头条出现，2012 年年底微信公众号推出，2013 年头条号推出，到今天我们可以看到有百家号、企鹅号、头条号、公众号、知乎号、新浪微博、简书、一点号、大鱼号、搜狐号、网易号、小红书号等诸多图文类自媒体，抖音、微视、快手、西瓜视频、火山小视频、全民小视频、好看视频、秒拍、土豆视频、爱奇艺、腾讯视频等视频/短视频类自媒体。这些社交媒体平台个个都是用户的海洋、流量的海洋。

2019 年 5 月 17 日，百度高级副总裁、搜索公司总裁向海龙辞职，同时伴随向海龙辞职的，是百度搜索公司战略转型为移动生态事业群组。2019 年 7 月 30 日，分众传媒信息技术股份有限公司公布了其 2019 年半年度业绩快报，根据公开的数据，其净利润为 7.76 亿元，相比上年同期的 33.47 亿元下降了 76.82%。据 TCL 发布的数据，受智能手机及平板电脑等移动终端的影响，电视机的日均开机率已经由 3 年前的 70% 下降到了 30%，40 岁以上的人成为收看电视的主流人群。奥维云网数据显示，2019 年上半年中国彩电市场零售量为 2 200 万台，同比下降 2.7%；现在很多年轻人不仅不看电视，都不打算买电视，因为电视不常用，没有购置的必要。这一切可能都说明了社交媒体吞噬流量的能力远远大于任何一种传统的媒体。

“内容是最好的广告”时代开启。内容是最好的广告，这也是一句没有办法的话。2015 年以后，尤其是 2017 年开始，人口红利、流量红利结束，流量市场的主导者由社交产品转向了内容产品，搜索流量、社交流量和内容流量并存。

大家不再盲目地追求增量，而如何从公域流量池里获取精准的流量，如何利用存量找增量，如何进行存量运营，成为商家要解决的问题。这也**倒逼**商家要具备精细化流量的获取能力以及运营能力，围绕精细化流量获取和运营的**私域流量**概念被提出，并且成为时下最热门的增加销售额的手段。

自从认知革命诞生以来，语言（文字语言、艺术语言、数学语言和科学语言）就是人类发现与虚构这个世界的终极武器。当下的世界，虚拟越来越大于现实，虚拟世界是现实世界在互联网上的映射。

这个世界最大的特点是：虚拟世界在不断侵吞现实世界。人类技术越发达，人类就会越发抛弃现实生活，投奔虚拟生活。未来的我们将越来越不依赖产品的“物理属性”，未来的一切消费都将是“精神消费”，如果你的产品不能给人带来精神体验，那么你的产品就将被科技淘汰，而承载人类精神的东西只能是内容。在一个虚拟与现实交错的世界里，内容是现实通向虚拟世界的唯一门票。

广告更像是用完即走的一次性行为，优点是见效快；而内容可以长期存在，优质的内容可以在以后的一年到几年里，持续为你带来长尾流量，缺点是见效慢。

广告是硬推，狂风骤雨般来得快，去得也快；内容是软推，“随风潜入夜，润物细无声”；内容优质不优质是相对而言的，关键是生产内容的人。

我认为未来的企业转型升级过程中，企业投放的广告可以少点，把预算分一些给内容营销部门。下功夫做好内容营销，这不失为一种有眼光的战略行为。

流量的变迁，最大的原因就是移动互联网时代的来临，主流消费者不看电视了，不太使用 PC 端互联网了，都跑到手机上了，百度投放广告的效果越来越不好，而且价格还越来越贵了。

第 3 节　为什么私域流量火了

不是私域流量突然火了，是“私域流量”这四个字突然火了。私域流量早就有，只是叫法不同而已。有人称 2019 年是私域流量的元年，今年炒得很火的私域流量，其本质是流量的所有权和使用权的归属问题。公域流量只有使用权，类似于搜索流量，用完即走；而私域流量拥有所有权，可以作为用户存储池。流量私域化是未来最大的趋势。

私域流量之所以火了，是因为与它对立的“公域流量”衰退了。

顾名思义，公域流量是公共的流量。说到公共的流量，就好比百货商场，每个人都去过百货商场。百货商场最大的问题是——它看似流量很大，很多人从店门口经过，但进店的人却寥寥无几，购买的就更少了。

举个例子，某品牌在百货商场里有一个专柜。假设这个百货商场每天人流量有 50 000 人，5% 的人会经过这个品牌专柜，也就是 2 500 人。其中 10% 的人（即 250 人）会停下来询问，最后真的能买东西，并留下客户信息的可能只有 10%，也就是 25 人。所以虽然这个百货商场的人流量很大，但是真能留下的客户只有 25 人。

公域流量看似很大，但需要费尽心思地让别人停留、消费。所以大批品牌每天都变着法地打折、促销、搞活动，就为了在人流最大的几天去分一杯羹。

商家们也越来越发现，对于这些公域流量自己不可控，这些公域流量并不属于自己，而且竞争越来越激烈。目前的商业大环境里，类似百货商场这样的公域流量平台还有很多。比如非常典型的线上公域流量平台就是淘宝、天猫、百度以及各大社交媒体平台等。

随着线上竞争越来越激烈，CPM（每千人次曝光）越卖越贵。淘宝 2013 年的获客成本大概是 30 元/人，到了 2017 年，这个数字已经暴涨到了 250 元/人，到了 2018 年，以阿里、京东为代表的传统电商平台获客成本已超过 300 元/人。

许多在天猫/淘宝上运营的朋友吐槽："虽然我的淘宝店粉丝非常多，但其实如果不去买各种直通车，流量还是没有，流量其实都是淘宝的，不是我的。"在这样的情况下，商家都希望拥有一个自己真正能控制的流量池，想触达用户的时候就能触达，还能多次转化和复购，因此"私域流量"的呼声渐高。

为什么私域流量火了？是因为以前的营销逻辑玩不下去了！

现在，流量红利的盛宴结束，流量深耕细作的时代已经来临！

不管你是做传统行业，做电商，还是做微信公众号的自媒体人，都不可否认，2019 年生意难做、粉丝难涨，钱越来越难赚。原来能舒服赚钱的生意，现在赚得少了；原来还能赚点钱的生意，现在已经做不下去了！

线下店铺——线下店铺获客成本高，租金高涨，人流量少，员工难招，商场"打劫"，客户进店咨询不能成交，客户离开时一丝信息都不留下，后续转化非常困难。长此以往不改变，店铺经营困难，几乎无路可走！

电商商家——电商的流量成本越来越高，多数卖家想要有销量，只能打价格战，靠低价走量，永远有人可以比你更便宜。比天猫便宜有淘宝，比淘宝便宜有拼多多，到头来没有工厂供应链优势的卖家只能给平台和员工打工了。有工厂的稍微好点，但也只是把自己变成了一个批发商。一年辛辛苦苦做了上亿元的营收，年终一算利润还没有账款高，不盈利的企业做它干什么？

刷单——我们都知道做电商都在刷单，也都知道刷单是一剂“毒药”，刷单是死，不刷单更是死。辛辛苦苦刷起来的数据，平台说封就封，你连申诉的机会都没有。

直通车打广告——直通车平台打广告是喜闻乐见的营销手段，平台本身就是最大的私域流量玩家，低价买了流量之后圈起来卖给店家，店家之间杀得头破血流，甚至绝大多数都是靠亏损来做销量。

但是不要忘记，平台上的用户没有忠诚度，用户是平台的用户，不是你的用户。

对很多企业创始人来讲，2019 年是商业变革之年。危险与机遇给创始人真真切切的四大核心拷问是：

如何与用户保持紧密的连接？

移动互联网冲击巨大，流量如何突破？

产品同质化严重，利润越来越薄，企业该如何转型升级？

高价买来的流量不是自己的，如何把流量变成自己的私域流量？

做生意最大的难题是需要反复投入营销成本购买流量以获取用户，而从其他渠道购买的用户在完成第一次购买后，商家想要再次触达用户时，会发现用户根本不在自己的手里。而搭建私域流量池，长期经营用户，可以带来持续的复购，通过做好内容营销，讲好自己的故事，从而获取源源不断的新增用户，把增量变存量、用存量带增量，从而构建一个品牌价值不断上升的闭环系统。

大家可以试想一下，如果自己手里掌握着属于你的千千万万个用户，你发的每一条朋友圈都可以触达他们，你还可以通过一对一私聊进行沟通、答疑，而且每个用户都是你的好友，你和他们有了“交情”，他们都很信任你，他们不仅自己购买，还介绍亲朋好友找你购买，你还会有流量焦虑和经营难题吗？

传统营销失灵了

“传统营销好像失灵了”，这句话被大家说了好几年了。那么，同处于产品丰富的时代，传统的营销与新的营销相比发生了哪些变化？

对于这个问题可能会有各种角度的解读，我从营销的本质上谈谈个人的浅见。

营销就是为产品找到合适的消费者。营是营造，销是销售：为产品营造一个利于销售的氛围。现在有人说的场景营销——营造一种利于销售的场景，我觉得也是这个意思，只是换了一个说法而已。

这个定义核心的要素包括两点：

一是产品。今天产品同质化已经太严重了，过去是人找货，现在是货找人。过去是“货—场—人”，现在是“人—场—货”。

二是消费者。今天消费者聚集的地方发生了重大变化。过去线下商场、电视机前、电脑桌前（门户网站和搜索引擎）都有很多人，现在都转向了手机。过去的主流消费者是60/70 后，现在的主流消费者是80/90/00后，尤其是90/00 后，他们是互联网原住民，天生就离不开互联网。

时间是最大的变量。

时代在进步，科技在发展，个体在解放，商业话语权在转移。

今天我们进入信息时代、媒体时代，人、产品（物）都成了媒体的延伸，人成了最大、最厉害的媒体，也就是说一切皆媒体。

从媒体/传播角度来看——过去是人找信息，现在是信息找人，内容也泛滥了，广告所传达的信息越来越不能有效触达更多的消费者。

传统媒体营销正在慢慢失效，如果你拿传统媒体获客，成本远远高于社交媒体。这一点也非常好理解。以前传统媒体面对的是大众人群，你用大众媒体去影响大众人群，效率非常高。现在你用大众媒体去影响分散的人群，就好比大炮打蚊子，效果很差。

所以，如果你今天做的是一个小而美的细分品牌，那么你应该考虑怎么精准地触达他们。等传播到了一定规模，才能考虑用回你的“大炮”和传统媒体，作为有效的补充。

今天传统企业面临的困境，不是品牌，不是创新，不是规模，不是员工，而是有没有“用户思维”，所有的品牌危机都是没有跟随消费者所导致的。5年之前，80%的广告费花在传统媒体上，而现在80%的广告费投入到数字媒体中。今天最稀缺的是个性化的内容和体验，“小而美”在颠覆大品牌，社交媒体在颠覆传统媒体，新零售在颠覆大渠道。

社交媒体时代，有一个最重要的变化——“碎片化”。碎片化导致内容更加泛滥了，流量更加分散了，营销变得更复杂、更难了。营销的世界也被切割成四块：天网、地网、电网和人网。

今天，人网成为取胜的关键之所在！

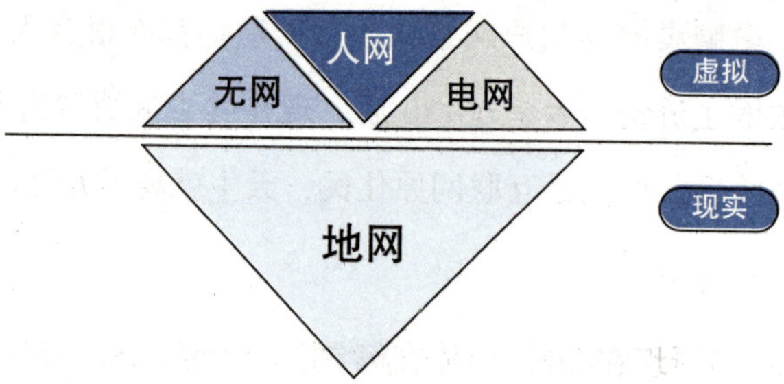

碎片化的2个世界、4个网络，产品、场景、人都是新媒体，人是最大、最厉害的媒体

营销的本质从来都没有变，说传统营销失灵了，这不完全对！而是传统的营销效率降低了，传统的营销变得复杂了，获取流量的成本增高了，转化率降低了，所以才会有很多人说：传统营销失灵了……

还有一个原因是发达的社交媒体消除了信息不对称，消费者越来越精明，一般的营销套路根本打动不了他们。

传统营销效率降低，就是因为过去以**"货"**为核心的营销体系在今天不怎么适用了，不适应的原因是过去的营销方法在今天时间碎片化、营销碎片化的时代，找人的效率太低了，找人的成本太高了，扛不住了。

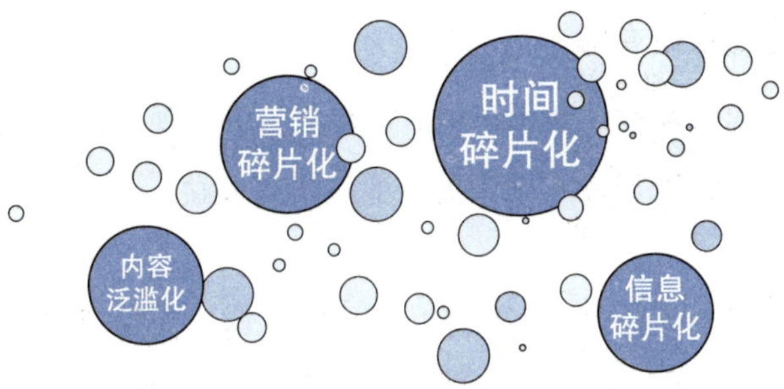

流量太分散

获取流量的成本越来越高，难度越来越大

综上所述新的营销由**"经营产品"转移到了"经营用户"**，旧的营销方式之所以失灵，是因为找不到用户了，或者找用户的效率变得极其低下了，原因是主流用户转移阵地了。

新的营销取胜的关键问题是：如何还能高效率地找到用户并经营用户？答案是：人在哪里聚集，就到哪里营销！**人都在人网里，**人网就是主流社交媒体平台。

商业的底层逻辑发生了巨大的变化

1951 年，爱因斯坦在普林斯顿大学教书的时候，在一场物理专业高级班的考试结束后回办公室的路上，他的助理拿着学生的试卷小心地问："教授，您给这个班的学生出的考题与去年一样。您怎么能给同一个班级连续两年出一样的考题呢？"

爱因斯坦很平淡地回答道："答案变了。"

今天的商业亦是如此。

互联网下半场商业法则的变化总结为以下三点：

第一，商业的底层逻辑正在从经营产品向经营用户转变，从以产品为中心转移到以用户为中心，商业的话语权正在从商家转移到用户。

第二，商业的驱动力从流量转换为关系和交情，再多的流量如果没有转化或转化率低也没有用。

第三，商业的衡量标准正在从价值转化为价值观。人格化的IP越来越受到粉丝的追捧，IP驱动在未来的商业里不可或缺。

1. 商业正在从以“货”为核心的“货—场—人”向以“人”为中心的“人—货—场”转变

传统的生意是“货—场—人”，即：生产产品，找到销售的场所（渠道），再卖给消费者。

现在的生意是“人—货—场”，即：不是先生产产品，而是先知道用户是谁，怎么连接用户和经营用户，进一步还要经营用户的认知和关系，然后再为用户生产（以后会越来越个性化定制）产品，同时我们要注意产品媒体化的趋势。最后才是构建销售场景，这个场景不仅仅是传统意义上的渠道，一切线上、线下有利于用户对该产品产生需求、提升认知、获得美好体验的情景都叫场景，也都是销售场。

所以，理解了“从货—场—人到人—货—场”的转变，就理解了消费升级和企业的转型，也就理解了新营销和传统营销，也就知道了为什么今天的营销越来越等同于传播，为什么今天的营销越来越难，为什么会有人说传统营销失灵了。

2. 今后的营销会变成什么

所有的营销都在影响消费者的选择！所有的营销都是让你的产品/品

牌无限逼近用户，无论过去、现在都是如此。今后的营销变成了盯住人——连接人、经营人（用户）。因为品牌、渠道、媒体都会变成人，品牌要人格化（IP），人会成为主要的渠道，人是媒介的延伸。

还有一点是场景的媒体化，产品媒体化。产品也是媒体这个大家都知道，未来线上、线下的场景也会媒体化，比如你去看看正新鸡排的铺面或许就能发现点什么……

以上才是营销里变化最大的地方，很快就会普遍性地到来。

IP 营销是新的营销。它是盯住人，做自己的圈子，做私域流量池的。IP 营销是经营用户的思维，不是卖货的思维。IP 营销认为产品是一种连接，产品也是内容，即产品媒体化，内容也是产品，即媒体产品化。IP 营销认为内容是企业的第一个产品。人人都是自媒体、媒体产品化、产品/场景媒体化构成了我对新媒体思维的定义。

IP 营销认为营销即传播。传播的是内容，人因为消费内容而流动在众多的社交媒体平台上，所以要去做内容营销，通过做好内容营销去连接用户、筛选用户，构建自己的私域流量池。私域流量池又是个圈子/社群，社群是个放大器，把人的价值、产品的价值放大，吸引更多相同价值观的人进来。

传统营销里的人最不容易理解这段话，他们惯性地想到的是卖货（销售思维指挥新媒体思维）：怎么把货卖给别人？他们忽略的一点是传统的营销方式正在越来越难以找到买主了。

今天的营销“变天”了，就是因为主流用户变了，主流用户转移阵地了。过去有大把大把用户的地方，今天没人了，所以传统营销才难做了。因此，怎么连接用户成为营销的核心！

过去是经营产品——就是卖货思维。卖货是核心。怎么卖？拼命塑造价值，拼命铺货，要搞得阵势很高大上。现在发现找不到人听/看，渠道也卖不出去，转了一圈才发现是在自嗨，手里没人，货全是库存。

现在是经营用户——就是用户思维。连接人是核心。哪里有人，就到哪里去传播，通过内容去连接人，把传播做透，持续做内容营销，把真实用户筛选出来。然后你说我有一个好产品，他们才会主动来买。

卖货思维是把人当作可以掏钱的口袋。

用户思维是站在用户的角度思考，用用户的语言表达用户的关注，帮助用户进行思考和判断，让用户快速获取自己所需要的产品和服务。

任何一个行业只要按照以上两点思考，转变思维，就可以找到自己的解决方案。从货货货到人人人，就概括了全部的转型升级。

其实在好赚钱的时候，或者供不应求的时候，或者是以前计划经济的时候，是没有人有“用户思维”的，也没有人愿意花精力考虑怎么“经营用户”。所有的“用户思维”和“经营用户”几乎都是被逼出来的一条向“用户”妥协之路。

商业的话语权正在从商家转移到用户，所以这个时候，才会出现商业的底层逻辑从过去的“经营产品”变成现在的“经营用户”的现象。

“经营用户”的前提是连接用户、筛选用户，通过连接，把精准的用户、有效的销售线索筛选出来，再长期经营用户。经营用户时经营的是与用户的关系和交情，注重用户的终身价值，不再是过去的收割逻辑，用完即走。因为收割用户、用完即走的逻辑，会让一个人、一个企业，做的都是一锤子买卖，永远缺客户。

“私域流量”也正是在这种背景下提出来的一种商业上的流量解决办法：一方面要从公域流量池里连接并筛选出用户，这叫“增量”；另一方面，把“增量”装进自己搭建好的私域流量池，长期经营。让增量变成存量，用存量再进一步带活增量，是在私域流量池里经营用户的核心。

所以从连接用户、筛选用户到经营用户，是从 0 到 1 搭建私域流量池的完整流程，也构成了企业转型升级的完整闭环。

3. 从 KOL 到 KOC，营销就是无限逼近用户的过程

2019 年 8 月有几篇讨论 KOL、KOC 的标题党文章，在朋友圈刷屏了。

这些文章的核心观点其实就是在说：超级个体的时代到来了……营销要从以“经营产品”为中心，向以“经营用户”为中心转变……从以“场景/内容”为中心，到以“人”为中心……KOL 是公域流量，KOC 是私域流量……从单向式的投放，到和用户互动，一起嗨，玩在一起，这就是 KOL 思维和 KOC 思维的差异，也是公域流量之所以能高效转化为私域流量的秘密所在……

我在百度搜索到的 KOC（Key Opinion Consumer）的定义是：关键意见消费者，对应 KOL（Key Opinion Leader）的关键意见领袖。KOC 一般指能影响自己的朋友、粉丝，产生消费行为的消费者。相比于 KOL，KOC 的粉丝更少，影响力更小，优势是更垂直、更便宜。

与 KOC 对应的就是私域流量，从某种程度而言，KOC 这一新词也是由私域流量衍生出来的。如果说 KOL 是专家，那么 KOC 就是朋友，他们虽然不如 KOL 知名，但是他们自己就是消费者，分享的内容多是自己的亲身体验，他们更注重与粉丝的互动，他们和粉丝之间从陌生到相熟，他们分享的内容更容易被信任。

KOC 的特点之一就是“真实”，他们距离消费者更近，因为他们就是真实的消费者。

KOC 的特点之二是“信任”，他们更注重与粉丝的互动，由此 KOC 和粉丝之间形成了更加信任的关系，从以内容为纽带到以情感为纽带是 KOL 和 KOC 最大的区别。

我觉得 KOC 和 KOL 的界限并没有那么分明，它们都是网上的意见领袖，只是影响的范围大小不同罢了。KOC 更像是后起之秀。他们是借助社

交媒体的工具，通过“一己之力”的努力，由普通人转变成为超级个体。

网上有人非要把 KOL 和 KOC 对立起来讨论，这仅仅是作为一个话题炒作罢了。我看到网上某营销博主发微博说：“‘4A 已死’‘定位已死’‘KOL 已死’，我们做的是殡葬行业吗？……什么还活着？……”

私域流量、KOC、KOL 本质所代表的东西都不是刚有的，只是名字变来变去，我们要看到本质，忽略新炒作的新名词。这么多新名词并不值得关注，要关注它背后要表达的“本质”——超级个体的崛起和以“人”为核心的用户经营。

4. 重塑市场部刻不容缓

企业要尽快放弃以经营产品为中心的经营理念，转型经营用户的新理念、新思维，围绕经营用户构建一套新的经营体系。目前大多数企业中还是过去的市场部、销售部、采购部、商品部、运营部，并没有专门去经营用户的部门，其核心职能主要是围绕产品的经营。用户一定是企业最核心的经营要素，对所有企业来讲，一定是用户创造价值，不是产品创造价值。

产品只是经营用户价值的载体之一。我们经营产品是商品交易关系，买完了基本上就断掉了，经营用户，要学会怎么维系用户关系。经营用户最底层的逻辑是时间——我们和用户在一起的时间，这个才是最重要的，任何关系的建立都是靠时间沉淀出来的。

在移动互联网的今天，在已经实现了和用户的有效连接以及双向互动的条件下，新的营销一定是以经营用户为核心的。我们要想一想人在哪里，去哪里连接他们，怎么连接他们，怎么把我们的用户筛选出来，连接和筛选完以后怎么持续经营用户。你看看这里讲的全部都是人（用户），没有讲到货（产品）。

我所熟悉的传统教育培训行业中有很多企业还在沿袭十几年前的卖

课、推课的思维。培训课程首先是连接用户的载体，其次才是销售产品。如果只是卖课，你会发现，今天所有人、所有的行业都在卖课程，网上那么多人买的知识付费产品也是课程，而且它们的价格低到接近于免费，课程还很好。如果你还只是推课、高价卖课，怎么卖得出去？

我们去看新的营销里面，樊登、吴晓波等，表面上他们也在卖课，但是本质上他们是把课程作为连接用户的工具在使用。他们在线上线下做很多很多活动，比如同城会、读书会等，都是为了连接用户、筛选用户、经营用户，而且有很多活动是用户自发组织起来的。

打败你的不是对手，颠覆你的不是同行，而是在行业之外的因素；甩掉你的不是时代，而是你的传统思维和相对落后的观念，所以今天的企业家真的需要改变思维了，市场部也需要重塑了。

5. 人在哪里，生意就在哪里

不管是做企业，还是开店，哪怕是做微商，人们天天都在想：流量在哪里？

只要是流量就好，暂且不管用什么样的方式、去哪里、找来的是什么样的流量。

找来了流量以后，又要考虑怎么留下来，怎么留得住，怎么转化为销售收入。

真正的流量是留量！留不下来的流量才是真的流量，一会儿就流走了！所以我们对于流量的认知，一定是能够留下来的流量、精准的流量、信任的流量、有效的流量——这才是真正的流量。

我们所称之为“流量”的背后都是一个个鲜活的人。他们有血、有肉、有情感，就是你、我、他。他们在哪里聚集？每天消费什么内容？每天投入多少时间刷屏？

人们都聚集在各大主流的社交媒体平台上，每天拿出来 4 个小时的碎片化时间去刷屏消费“图文的、语音的、短视频的”等各种形式的内容。

那么，答案出来了：获取流量的最好方式就是——去这些主流的社交媒体平台上——输出我们所定义的用户所喜闻乐见的，有用、有料、有趣的内容——用内容来“连接用户”、“筛选用户”，再把他们装到“微信个人号/App 等私域流量池”里进行长期的“经营用户”，然后就可以转化成销售订单了。

这就是人在哪里，生意就在哪里！

我觉得有几点对营销很重要：

（1）一个老板的格局和眼界就是企业的天花板。

（2）管理的全部都归于利润这一点，除此之外全都是故弄玄虚。

（3）小企业的成长法则就是野蛮生长，给点阳光、给点水分就拼命去抓住。

（4）所谓远大理想，就是永远在如履薄冰地想着如何才能活下去。动不动喊理想、喊抱负、喊改变世界的人，就像到处显摆一样傻。有些事情自己知道就行了。

（5）人如果不觉醒，任何方法都会失效！当然如果觉醒了，你就不是一般人了，也不需要什么方法了。

（6）互联网世界纷纷攘攘多年，正在回归人性本身，一切经营以人为中心。

（7）所有的生意都是人的生意，人既是消费者也是经销商。

（8）不管做什么，都是先获客，再建立信任，然后才是卖货，在互联网业尤其如此。

（9）微信做了一件伟大的事，它连接了你，同时也帮你连接了其他 10 亿人！

（10）互联网没有思维，只是个工具，你不用去理解它、恐惧它，学会使用它就行。就像怎么造车你不用懂，你会开车就行。

第 4 节　什么是私域流量

私域流量不仅仅是一个概念、工具、方法，它更是一种思维。就像前些年我们常说的互联网思维，今天可能是私域的思维。过去有用户红利的时代，我们能够获取源源不断的便宜流量，这是一种运营逻辑。现在没有用户红利和流量红利了，我们该如何去运营？这又是一种运营逻辑。私域流量思维是用来指导当下运营逻辑的。所以讨论私域流量，首先是思维上要转变，当我们调整过来思维以后，再去看私域流量是什么，适合谁，就会发现：凡是需要增长用户/获客的人都需要。只要是需要做市场的人，都需要用好它。

私域流量并没有一个明确的定义，也没有一个唯一的定义。私域流量也不是最近刚有的名词，只是最近刚火。其实它早就有了。

“私域流量”的概念最早起源于微商和淘宝店主。2010 年年底微信出来以后，2012 年就有人在微信上做微商、卖面膜了，多级代理 + 朋友圈刷屏，方法简单粗暴，但不可否认，这些微商从业者确实抓住了那个时候个人微信号的红利。2015 年以后，很多淘宝店主就开始往个人微信号导流量了，现在不少商家在快递包裹里面塞上加微信送红包的小卡片，直接引导消费者添加微信个人号，然后送 2 ~5 元的现金红包，就是非常典型的私域流量引流方式。

私域流量的这种思维方式早就有了，只是不同时代承接私域流量的载体不同而已。早在社交媒体还没出现和普及的时候，私域流量就是你的客户联系方式，例如电话号码、电子邮箱或家庭地址，这些都是私域流量。

以前这块也被称为 CRM（Customer Relationship Management，客户关系

管理)，就是负责记录各种客户数据、联系方式，逢年过节给客户发短信、打电话来维护客户。CRM的形式随着互联网的发展，也在不停地演变。

比如在美国，现在许多CRM还是通过电话、邮寄和电邮完成的。但在中国，社交关系大多发生在微信上，于是便诞生了整套基于微信的SCRM（Social Customer Relationship Management）。

前几年，微信公众号刚兴起的时候，品牌会用服务号来绑定会员信息，帮助企业运营。但后来发现服务号的打开率越来越低，人力运营成本也相当高，需要至少一个人定期更新。但现在，我们可以通过塑造一个人物设定来打通CRM系统，在微信朋友圈互动和在私信聊天中推荐产品。这样的交互体验更像和朋友交谈，感觉很亲切。今天，做老客户维护的最终目的就是要进入客户的朋友圈，占领了客户的朋友圈才有未来。

一份腾讯和BCG的报告显示，移动社交使得销售终端对消费者的服务能力产生了十倍的提升。许多线下门店的CRM从传统的电话+门店+短信转到社交私域流量运营，可使有效互动客户数量提高1.5~2倍，沟通效率提高3~4倍，单次平均互动时长提高2~3倍。

原来需要打电话求对方才能跟你聊几句的方式，现在只要发个朋友圈就能让对方主动找上门。从原来“打500个电话，30个有反应”变成了“有500个好友，与30~50个经常互动”，从“每次打电话没说几句就挂断”变成了“时间灵活，天南地北随便聊，聊天形式多种多样”。

私域流量又不同于以前的通讯录，它被赋予了人格，是从流量思维转型为用户运营思维的标志。私域流量代表了我们从流量思维向用户思维的转变。你要让用户感觉到你是一个真正懂他，真心对他好的人，而不是一个只会机械地发广告、发优惠券骚扰用户的冷冰冰的“机器人”。

无论是“私域流量”还是“社交电商”，核心都是人（用户）的运营。

爆款文章，是揣摩着用户心思去写的。

好的产品，是洞察用户需求去设计的。

好的运营，是顺应人性的角度去实践的。

你看，现在所有的运营出发点都不是产品，而是用户。

用户相信你，愿意看你的朋友圈，知道你真心关心他，觉得你是一个懂他的人，而不是一个冷血的机器。**私域流量的最高境界，就是一个有血有肉、充满感情的专家+好友。**

私域流量的定义可以理解为“品牌或个人所拥有的，可以自由控制、多次利用的，免费且能够直接触达用户的流量”。

每一个流量对应的都是一个活生生的人，都是一个真实的用户，所以“私域流量”其实就是一个属于我们的私人地盘。在微信生态里，私域流量池通常就是微信个人号、微信群、微信公众号。

与私域流量池对应的是公域流量池。狭义的公域流量池指的是百度、淘宝、京东、拼多多等，广义的公域流量平台指的是广播、报纸、电视、门户网站、微博、微信、头条和抖音等几十个主流媒体平台和社交媒体平台。它们都是比较大的流量平台，也叫广告平台。**这些公司的本质都是广告公司。**

公域流量池中的微博、微信、头条、抖音等主流社交媒体平台，个个都是用户上亿的流量池，是用户的海洋，也是流量的海洋，而且用户每天都在这些社交媒体平台上花大量的时间消费**“内容”**。我们如果有意识地做好内容营销，就可以在这些平台上获得源源不断的精准流量。

私域流量关注的是用户的长期价值。企业和用户已经不是一锤子买卖的关系了，要着力提高每个用户的**终身价值贡献**。客户终身价值（Life Time Value，LTV）有时被称为客户全生命周期价值，指的是每个用户在未来可能为该服务带来的收益总和。

私域流量相对公域流量有即时触达、反复利用、无须付费、兼具转化效果和品牌积累的优势与特点，但获取和运营私域流量并不容易。如果没有对流量和用户关系的完整理解以及成体系化的运营思路，**就特别容易导致暴力吸粉、广加好友、狂发广告，直到被用户拉黑的结局。**

做电商的朋友看到这里可能会深有感触。仅仅靠电商平台盈利已经越来越难了，大多数卖家早都有意识地把成交的客户加到微信个人号上，但就是不知道该怎么系统地管理、运营。

我身边有很多日发几千单、上万单的卖家，他们也都知道要加客户微信，也确实这样做了，但是最终要么是让粉丝刷单，最后导致粉丝消失，要么是加上微信之后不会运营，在微信上成交还是很差。

在微信里经营用户也需要一整套系统的方法，比如 IP 营销、微信朋友圈营销。有了这一整套的方法论组合拳，才能让你的微信运营提高效率。

第 5 节　私域流量的本质

私域流量的本质是流量的所有权和使用权的归属问题。

公域流量只有使用权，类似于搜索流量，用完即走；私域流量具有所有权，可以作为存储池，建立自己的私域流量池是最大的趋势。私域流量的意义是将通过不同渠道获取的流量，以用户的形态汇集到能够自主管理的载体上进行运营，提升与渠道博弈的能力，实现更好的变现、复购等商业价值，降低获客成本，提升经营效益。

私域流量的本质不是收割用户，而是长期经营用户。

有不少朋友理解的私域流量还是纯粹以销售为导向，视用户为“韭菜”，而真正的私域流量运营视用户为朋友，卖货只是顺带的结果。私域流量的核心是经营用户以及经营和用户的关系，而且是长线的用户关系。信任是一段关系的开端，服务是维持信任的关键。

如果把私域流量当“韭菜”而去收割，从一开始就错了。一旦说“长期经营用户”，那就日久见人心了。收割用户的人只是割一把就跑，干一锤子买卖，他们并不关注用户的终身价值，只在意每天从用户兜里掏走多少钱。

私域流量的本质是从卖货思维转型为用户思维。过去因为有流量红利，获取流量相对容易和便宜，所以可以**“用完即走”**，需要时下一波流量又来了，用不着太珍惜。现在流量红利没有了，获客变难了，所以不得不考虑长期维护和经营好用户了。私域流量的本质是经营思维的转变——从经营产品到经营用户、从卖货思维向用户思维转变，即长期经营和用户的关系。

生意的本质是流量，但并不仅限于流量，还有用户关系和用户价值。最近流量思维、爆款思维降温了，因为它们只是单一的营销维度，无法持续地为企业带来长期的利润增长。站在营销角度看，通过爆款可以短期获得销量和注意力；但站在经营角度看，爆款很难持续推动企业的健康发展。

一切奔着粗暴的营销和成交转化目的来的人，干的都是一锤子买卖，一定做不好私域流量的运营。流量从来都不是只用于成交一个目的，每一个流量的背后都是一位有血有肉的用户。

我认为私域流量是移动互联网发展到一定阶段（用户增长见顶）以后，必然到来的趋势。当用户不增长了，没有用户红利、流量红利了，就要考虑存量用户怎么运营。在私域流量池的运营里，最核心的就是存量的运营，存量运营的核心是与用户建立关系和交情。我和你有关系、有交情，就像好友一样，而你在这个行业中是个专家，那我就把我的这部分需求交给你来打理。

第 6 节　私域流量的 7 大来源

流量并不仅仅是一个个数据，而是一个个活生生的人，我们要看到流量背后的这个本质。所以流量的来源一定是人聚集的地方。用户在哪里，私域流量就在哪里；人在哪里，生意的机会就在哪里。

线上、线下的店铺、门店和行业展会等

很多商家抱怨不知道如何下手从 0 到 1 搭建私域流量池。他们忙着去外面找各种渠道拉新，却忽视了身边最重要的人。走过、路过和进店的用户都可以用个人微信连接起来。很多人不重视从自己线下的门店获取私域流量，白白浪费了很多流量。

对于有线下门店和线上店铺的商家来说，他们从 0 到 1 搭建私域流量池相对来说会比较容易些。因为通过原有渠道消费的客户，已经对他们有了信任的基础，这个时候无论是添加客户的个人微信号还是进一步做转化，相对都是最容易的。

很多人把自己在抖音、微博和知乎等平台上积累的粉丝引导到电商平台或者个人微信号上进行变现，就是利用了粉丝对本人的信任。这个信任是他们通过长期的内容输出在消费者中建立起来的。

付费引流

在百度、淘宝、京东、主流社交媒体平台和 KOL 的自媒体平台上投放广告，将流量从公域流量池引流到自己的私域流量池。

营销产品的付费投放方式有广点通、粉丝通、DOU +、KOL 投放和电梯场景广告等。各种营销产品的投放主要是基于平台的大数据，把品牌要曝光的内容推荐给更精准的人群，获取潜在顾客。

其实，这还是公域流量的思路，只要有预算，多次优化，就会达到不错的投放效果。在平台初期，只要你敢投入，就很容易享受到平台的流量红利。很多人/机构在广点通刚推出的时候就投入很多的资金进行公众号粉丝拉粉，那个时候，一个粉丝的成本还不到 1 元钱，不少大号就是在那个阶段发展起来的。而现在，广点通上 1 个粉丝拉新的成本早已经超过了 5 元。

与其后悔，不如在新的平台尽早布局以获取更多机会。品牌要时刻关

注新兴的公域流量平台，尤其是垂直平台，哪怕现在日活只有几百万，对于精准流量的获取也是非常不错的选择。

自建账号，做好内容营销，获取精准的私域流量

目前，主流的社交媒体平台有图文类（微信公众号、微博长文章、企鹅号、天天快报、头条号、搜狐号、网易号、大鱼号、大风号、百家号、一点资讯、脉脉、知乎、悟空问答、豆瓣、简书等）、视频/短视频类（抖音、快手、一直播等）、音频类（喜马拉雅 FM、网易云音乐、荔枝 FM、荔枝微课、小鹅通、蜻蜓 FM、企鹅 FM 等），其中微信朋友圈、微博、搜狐号、脉脉、知乎、豆瓣、微头条等还可以发动态短内容。

我们如果生产出优质的内容提供给用户消费，做好内容营销，讲好自己的故事，布下内容之网，修建流量之渠，用内容连接用户、筛选用户，就可以获取源源不断的精准流量，再放到私域流量池里长期经营。内容营销能做好的话，会是未来获取精准流量的主要方式，要不然还得靠花钱买流量，又走了老路、一天比一天难走的路。

我在 2016 年发过一条微博："为什么企业市场部不喜欢做新媒体？"

因为做新媒体是出力不讨好的事。做新媒体需要市场部动手、动心思去做，而做互联网广告就相对容易，投百度 SEM，投腾讯广点通，找第三方合作，市场部不用那么累，而且不用对结果负责。如果效果不好，那也是第三方的事。自己做新媒体的效果好不好，一看就明白，出力不讨好，何况努力了老板也不一定重视，何必要那么辛苦呢？

今天，企业更要重视社交媒体上的传播，要用好懂传播的人才，要营造一种有利于做好传播、做好内容营销的氛围。据我观察，绝大多数的传统企业并没有做好社交媒体上的传播，不是没做过、不是没尝试，是都失败了。失败的原因多种多样，没有人才，没有内容，做了好几个月还没有效果……于是就放弃了。

其实，做不好的最大原因出在老板或新媒体部门的主管身上。他们不

懂新媒体，不懂传播，所以也谈不上真正地重视传播。他们以为传播就是找几个人写一写文章、发一发广告那么简单。他们普遍追求阅读量、粉丝量，把10W+天天挂嘴边，这是用销售思维指挥新媒体思维。做了三个月没结果，没见到10W+、爆文，他们就急了，最后新媒体部门的人员被逼无奈，忍无可忍，纷纷离职，这个事就不了了之了。

员工IP化——重视每一个员工

任何企业的员工都是企业的第一位顾客，每一个员工又都是一个小的流量池，他的朋友圈里都有成百上千人。一个企业有几百个、上千个员工，这些员工的私域流量加起来是很可观的，因为员工朋友圈里的好友比起外面的人，是离这个企业最近的粉丝。话说回来，如果我们连自己的员工都影响不了，更不用谈去影响外面的用户了。有很多企业开始重视全员营销，比如格力电器做得就很好。格力电器董事长董明珠都亲自上阵做自媒体、开微店。企业开展全员营销确实是大势所趋，因为人人都是自媒体。有个别员工好像在企业里默默无闻，处于普通的职位，但是他在社交媒体上就影响力而言，一个人可能比整个公司都强。在私域流量运营下，要把员工当成活的IP。

拿孩子王来说，这个有300家线下门店的母婴品牌从2015年开始探索搭建私域流量池和重度会员的单客经济，到目前为止已经做到全渠道会员破2 700万，其中付费黑金会员50万。2018年销售规模破100亿元，年复合增长率超过100%。全国300家母婴门店，微信公众号粉丝超500万，App装机数1 500万，小程序注册用户超500万。

这些好成绩是如何做到的？

孩子王打破了门店导购的常规，要求一线员工全员是育儿顾问，现在孩子王80%以上的员工拥有国家认证的育儿资格证书。目前孩子王的专业育儿顾问约有6 000人，认证育儿师约有2 000人，育儿专家约有500人。孩子王通过App、门店、电商等全渠道工具赋能自己的门店员工，进行将员工 IP 化、数据化经营管理。

它的员工不是通常意义上的门店导购，而是育儿专家。

当用户走进孩子王的门店时，接待用户的店员不再是导购或推销员，而是专业的育儿顾问。每一个育儿顾问就是一个 IP 形象。在 App 里，每个顾问都有自己的评级和用户评价记录，让用户看到顾问的专业性和历史服务记录。通过员工跟用户建立专家和粉丝的关系，获得用户的信任和强关系链接，转化率和用户黏性自然会提高。

产品媒体化

把产品做得自带话题，具有自传播性，自带流量。产品会说话，它懂得用用户的语言，替用户说出用户心里想说的话。今天的产品不再是过去说明书式的“布道者”，而可以是“主持人”，它可以和它的消费者进行沟通，所以它具有媒介的属性。

未来会说话的产品会消灭不会说话的产品！它背后的运营者懂得和用户沟通，而不是长篇大论的“王婆卖瓜”。未来产品的媒体化会越来越流行。匠心匠品 + 产品媒体化 + 用户思维 + 会说话的产品，是产品研发的终极目标。闭门造车的产品一推出就是库存。

品牌/IP 本身就是私域流量池

对于过去的一些传统大品牌来说，品牌本身就自带流量，品牌本身就是私域流量池。关键问题是老品牌如何年轻化，如何通过经营好私域流量给品牌溢价，如何与年轻的主流消费者进行沟通。

品牌是流量池，IP 也是流量池。打造品牌的本质是打造一个产品的符号，打造 IP 的本质是打造互联网上的标签；品牌是基于产品的，IP 是基于人的；品牌是工业化时代的产物，IP 是移动互联网时代的新物种。IP 的本质就是在建立私域流量池。IP 的成长方式本来就是吸引更多的外部流量，使其进入自己的流量池。其实品牌的未来就是打造 IP，品牌的年轻化就是 IP 化。

任何一个业态，得年轻人得天下。互联网是这样，零售业也是这样。

从目前的情况来看，搜索引擎仍然是平台获客的重心，大多数平台通过搜索引擎获取的流量占比在70%以上。做好内容营销不是短时间能见到效果的事儿。但是随着流量越来越贵、转化越来越差，或许在未来两年里，整个网络营销推广行业都会转向私域流量，只是那个时候再布局自己的内容营销就又晚了一步。

从自身裂变——用存量带增量

流量分为两种：存量和增量。今天无论是谁，获取流量、搞增量都是不容易的。那我们就别只想着怎样去找新的用户，还要想着怎样先把存量的用户运营好。先把存量用户激活，让他们从流量变成留量。增量即使再多，如果留不住，那就真叫“流量”，就不是“留量”了。所以做好今天的营销，一方面是增量，另一方面最主要的是存量。增量来了以后，就都是存量的运营了。寻找增量和盘活存量是一体两面，要两手抓，两手都要硬。用存量带增量就需要我们精细化运营，这本身也是必须要做的事情。运营好了以后，就会有转发，有新的传播，有转介绍，有新的用户，同时还能激活朋友圈沉睡的用户。

私域流量需要我们长期经营用户，经营与用户的关系。在哪里长期经营用户？用户最常和最长使用哪个媒介就在哪里长期经营用户，如个人微信号。如何寻找增量和盘活存量，激活存量，提高存量转化率，才是流量运营的核心，也是私域流量运营的核心。私域流量全部都是存量。不会存量运营，即使来了再多的增量也没用，还是留不住，还是要流走。

用存量带增量，能看到这一步，说明你已经在理论上理解了私域流量。用存量带增量，能知道在哪里长期经营用户，怎么长期经营用户，说明已经把私域流量搞透彻了。如果我们还停留在吸粉、爆文、10W+这个阶段的流量思维，连精准流量和泛流量都分不清楚，那么就远远落后于这个时代了……

第 7 节 什么是最好的私域流量池载体

有人和我说："我曾用小鹅通、小程序创建主题社群来形成私域流量池，但实践的效果不如知识星球。"

我觉得小鹅通肯定不是私域流量池的载体，知识星球好一点，但也不是最好的。知识星球是寄生于微信上的，微信是主干，知识星球是枝叶，它相当于一个付费版的微信朋友圈。

那又有人会问："在微博、小红书、抖音、公众号上，我有自己的粉丝和阵地，算私域流量池吗？"我的回答是："也不算。"拿微博举例：虽然可以积累微博粉丝，但其实微博流量的分发很大程度上还是掌握在微博的手里，所以并不完全算得上"私域流量"。

微信公众号也不算是私域流量池。

微信公众号本来是一个巨大的宝库，可是现在经营微信公众号的人都知道，粉丝增长基本停滞，打开率越来越低，粉丝黏性和互动越来越差。这样的用户其实根本无法直接触达，公众号的入口深度和打开频次都让你和用户的距离越来越远。把公众号粉丝导入微信个人号，好好维护，用心经营，才是打开公众号这个宝库的"钥匙"。

我们所有的用户都在用微信，但不一定都用微博，不一定都看公众号、头条号、抖音，也就是说这些平台虽然也是在连接用户，但是它们离用户更远一点，而微信离用户最近。在微信生态中，用最低的成本来布局私域流量池，势必成为当下中小企业破局的关键！连一向高冷的快消品牌宝洁，最近也在快速招兵买马，布局微信私域流量了。

因此我认为，最好的私域流量池载体还是个人微信号。体量比较大的公司会自己做一个 App 作为私域流量池，而对广大的个人或者小企业来说，他们没有能力运营一个App，微信是最好的私域流量载体。

当然品牌对私域流量的认知也不应该局限于微信，应该根据实际情况，更多地把微信的生态、天猫的生态和其他生态当作一个整体来看待。从商业逻辑上看，由于腾讯系和阿里系蕴含不同的优势和禀赋，只要商家有足够的能力把这些禀赋挖掘出来，最后也会收获不错的回报。

个人微信号是离用户最近的私域流量池载体

目前来看，微信依然是经营私域流量的首选平台。腾讯选择“社交信任”来完成连接，通过强化微信打造强关系，使微信朋友圈成为信息流的第一界面。如今的微信与其说是社交工具，还不如说是生产力工具，微信已经成为社会连接的底层工具，其地位牢不可破。那些公域流量平台都在从单产品服务向一体化过渡，比如百度和头条系，像万花筒似的，不断发布队列产品来消化自己的矩阵流量，从而缓解用户的流失速度。

目前80%的企业私域流量池搭建在微信生态体系里。客户的全生命周期维护只可能在微信里完成，不可能在其他地方完成。这就是淘宝系商家在很多年前就做小卡片，想尽一切办法非要把客户吸引到微信上去的原因，因为只有微信可以完成用户全生命周期的闭环。为什么这么说？

（1）微信是“最长”和“最常”使用的社交媒体。中国消费者每天在手机上花费3.9小时，其中花在微信上的时间100分钟以上；微信个人号用户最多，有11亿用户，相比淘宝系的6亿用户，会多出5亿电商人口，显然这是任何商家都不会放过的领域。这两点都是别的社交软件做不到的，而且在相当长的一段时间里，也没有任何一个别的社交媒体平台可以做到。

（2）微信有朋友圈，更有利于经营用户。微信是维护客户关系的良好工具（几乎可以说没有之一），最好的维护客户关系就是让他进入你的朋友圈，你也进入他的朋友圈。

（3）微信是相对封闭的社交环境，是一个天然的流量池。因为微信相对封闭和私密，导致用户可以以“流量池”的形式存在，而其他开放性平台（微信公众号、微博、抖音等，就是除个人微信号以外的平台）则不具备这个基础条件。

搭建私域流量池，对于中小企业来说，个人微信号是首选

个人微信号的环境是封闭的，可以与用户进行一对一交流，还可以通过朋友圈内容进一步和用户建立沟通，取得用户信任，获得更高的用户忠诚度。如果要搭建自己的私域流量池，个人微信号对于中小企业来说是首选。

虽然微信公众号是一个非常成熟的载体，但是运营成本高，而且微信公众号作为流量的入口越来越差，对用户的影响力也在减弱，不建议选择。其他的微博、头条号、抖音等也是同样的道理，不适合作为私域流量池，因为它们离用户更远一点。

在个人微信号上我们可以掌握所有数据和实施用户管理，但是 App 的开发成本和获客成本是非常高的，对于大型企业适用，对于广大的中小企业，就不是一个好的选择了。即使是大型企业，像海底捞，它们也可能选择把私域流量池建立在个人微信号上，每一个门店都有多个个人微信号，把用户加进来，进一步运营。

大、小品牌的企业对私域流量的玩法一定是不同的。对于中小企业和个人，最好的私域流量池载体就是“个人微信”。微信群都不是最好的，公众号更不是，我们之所以建立微信群是想把拉来的用户加到个人微信号里。我们完全可以把 5 000 人的朋友圈看作是一个大的“微信群”，不要局限于微信群 500 人的概念里，而且群人数多了，沟通效果特别差，500 人的群一天几千条信息，里面可能只有一两条和你真正有关系，但我们不可能每天都翻看一遍。

我以前觉得凯文·凯利的“1 000 铁杆粉丝原理”是虚的，现在终于理解了：我有 10 万私域流量，哪怕最低的转化率，也会有 1 000 个铁杆付

费粉丝，一个人哪怕只付费100元，都会有10万元的收入。如果真有10万精准的私域流量，那么一年实现1 000多万元的营收就很容易。在竞争的丛林里，圈一片地，深耕细作，它会给你开花结果，长出参天大树——这就是对微信私域流量池的经典描述。

第8节　搭建私域流量池的五大误区

私域流量不是加个好友，每天群发消息，发朋友圈广告消耗用户。私域流量更注重用户运营，是对用户精细化、个性化关系的管理。

私域流量不是见人就拉进微信群，每天强迫他看你的广告，私域流量是真正为用户创造价值。把用户当傻子收割的人是内容生态里的“蛀虫”，所有的营销要回归用户价值。

在私域流量下你的员工不是导购，不是客服，而是一个有情感、有温度、有价值的人。一方面企业要提供产品、销售、服务的培训，还要建立员工往上走的通道，培养员工的专业性，树立员工的权威性；另一方面，要让员工做到把用户真正地当亲朋好友一样对待。以上这些应该是企业经营者多去思考的问题。

私域流量不是赚快钱，不是做一锤子买卖，它更关注用户的长期价值。真诚用心地和用户做朋友或许很慢，但这样积累起来的流量才更持久。在微信私域流量池里，一个微信客户90%的利润在后端，第一次的成交价值只占客户终身价值的10%而已，所以我们要长期经营用户。

私域流量不是批量吸粉的流水线思维。私域流量是连接精准的流量，再通过有温度的服务，和用户建立起长期关系和交情，并经营好这份关系。我们要有耐心做个好的经营者，守一份事业，持续地做事，最终一定能成事。不要羡慕那些收割者，做生意最重要的是诚信，而不是玩手段，不是去忽悠客户。

第 9 节　流量为王时代已经远去，留量为王时代已经到来

移动互联网的下半场，疯狂的流量时代已经关停封场。随着用户红利的消失，越往后越会发觉私域流量一定是一件值得做的事儿！哪怕一开始做不好，也要积极投入精力去尝试，因为越往后越难做。所谓“红利期”，就是少数人在做的那件越来越重要的事儿。

2019 年 8 月 23 日，58 同城 CEO 姚劲波向全体员工发布内部信，里面有这样的一段话：“在面对来自市场更艰难，更具挑战的时刻，企业更应考虑长远及终极价值；……做客户的真朋友，提供比竞争对手更好的服务……为用户和社会提供真正的价值；……越是艰难的时候，就越是兑现使命的时候，也更是客户最需要真朋友的时候；……**未来的一段时间内，应该说各行各业都可能面临着增长放缓、获客更难的局面；……在一个争夺存量的世界里，提升运营效率将变得前所未有的重要**……无论世界如何变化，我们都要活着，我们活着是为了帮助越来越多的用户和客户发展得越来越好，去迎接风雨后更美好的未来！”

私域流量这件事，在未来几年里还会持续受追捧，只要没有了新的流量红利，只要移动互联网用户增长见顶了，增量没有了，拼存量运营的时候，私域流量就会越来越受人们重视。

在商业世界中，一切无视针对商业环境新的冲击的行为，对竞争对手的变化掩耳盗铃的行为，必将导致商业的失败。如同阿里巴巴前董事局主席马云所言：“很多人输就输在，对于新兴事物，第一看不见，第二看不起，第三看不懂，第四来不及。”

流量私域化是未来最大的趋势。

流量盛宴结束，深耕细作的时代已经来临！

今天，“私域流量”的玩法才刚刚开始，还有很大的空间，值得加速布局。

现在，正是私域流量的红利期！

CHAPTER TWO

第 2 章

获取精准流量——如何搭建私域流量池

接下来，我重点谈谈如何通过自建账号做好内容营销，获取源源不断的精准流量，搭建自己的私域流量池。前面讲到了私域流量的七大来源，总体来看企业获取流量主要有两种方式：一是付费购买，二是自建账号。

以后买流量会越来越贵，转化越来越差。从大的趋势来看，自己培养新媒体特种兵，自己获取精准流量，自建私域流量池是大势所趋。不能光输血，一定要有造血能力才行，雇佣军只能临时用一用，打天下还得靠自己手里的亲兵。

第 1 节 正确地认知内容营销

什么是内容营销

百度上的定义：内容营销是指以图片、文字、动画等介质传达有关企业的相关内容给客户，从而促进销售。它通过合理的内容创建、发布及传播，向用户传递有价值的信息，从而实现营销的目的。它们所依附的载体可以是企业的 Logo（VI）、画册、网站、广告，甚至是 T 恤、纸杯、手提袋等。根据不同的载体，传递的介质各有不同，但是内容的核心必须是一致的。

我的定义：内容营销是指在各大主流社交媒体平台上，向自己的潜在用户输出他们所关心的、不同形式的内容，并进行良好的互动，然后连接用户、筛选用户，从而获得源源不断的精准流量或有效销售线索的营销行为。

内容营销不是简单的新媒体运营，发文章、发广告那么简单，它需要企业将内容营销提升到战略高度去重视，去投入人力、物力、财力，讲好自己的故事，打赢一场舆论战。

内容营销的核心是连接用户和筛选出真实的用户，即获取关注，赢得信任。内容是无限增长的流量入口。理论上来说，我们的用户都在互联网上，都在各个社交媒体平台上，怎么在茫茫人海中找到他们，连接他们，靠的就是内容，靠的就是讲好故事的能力。

从19世纪至今，伴随着媒体的不断演变，内容营销经历了四个阶段：报纸/杂志、广播、电视、互联网。到了移动互联网时代，内容营销从大公司的游戏变成小公司的利器，同时，内容形式不断更新、与时俱进。不管技术如何发展，内容的形式如何变化，“讲好自己的故事去连接用户、筛选用户”是企业内容营销永恒的主题。

讲好自己的故事的核心就是让用户知道你是谁，做什么的，代表什么，你能给用户带来什么价值。然后持续不断地做下去，就会有越来越多的跟随者、支持者、拥护者。

《哈佛商业评论》有篇文章的观点是：“消费的未来是内容、游戏和互动服务的融合。”事实上，我们可以更进一步说，未来的每一家企业都需要像娱乐/媒体公司一样思考和行动。从一个生产产品和服务的世界，转变为一个被娱乐和传播所定义的世界，远非易事。要想在这个世界上取得成功，企业需要像艺人/媒体人一样思考，而不是像制造商或零售商那样思考。

为什么我们都需要建立一套“高频打低频”的自媒体内容营销体系？

因为交易是低频的，内容是高频的，我们要靠频次来吸引用户、建立口碑。内容越高频越好，通过高频的内容建立信任，销售低频的产品产生利润。也就是说高频抓用户，低频做利润。

内容营销是一家企业面对“消费升级”的当务之急，我认为所有的企业都应该是媒体公司，所有的行业都应该是内容产业。**营销越来越等于传播，内容营销应该成为企业的战略。**

我知道绝大多数的人还听不懂这句话或不认可这句话，这恰恰就是机会！当所有的企业都把内容营销当作战略时，都去做了，那就不是机会了。这个时代的竞争只需要“快半步”，便已经是遥遥领先了！

连接用户—筛选用户—经营用户，这是一个完整的私域流量池搭建的流程。

个人或企业要想在营销方面实现突破，就要把主流的社交媒体用起来，根据自己的精力选择一个或多个主流的社交媒体，在这些社交媒体上输出内容——**“连接用户”**。

把品牌、产品、服务变成内容，传送到用户的手机里，讲好自己行业的故事，再用内容来“筛选用户”；把这些主流社交媒体平台上筛选出来的精准流量装到个人微信里，搭建私域流量池去“经营用户”。

连接用户—筛选用户—经营用户，正是小米的营销核心。小米 MIUI 用户超过 7 000 万，微信用户超过 600 万，QQ 空间粉丝超过3 000万，小米社区用户超过 3 000 万，雷军新浪微博粉丝接近 1 000 万，小米社区新浪微博粉丝 518 万，小米合伙人黎万强新浪微博 500 万粉丝，小米总裁林斌粉丝 391 万。所以，小米不需要按照传统方式做广告，这才是小米的营销核心。

小米努力的目标一直都是在大量创造用户、连接用户、经营用户。所以，想缔造平台型企业，必须构建企业的新媒体团队，搭建自己的私域流量池，这是未来营销的核心战略。

如何正确定义流量

过去讲生意的本质是买和卖、赚差价，现在讲生意的本质是流量，进一步说就是精准的流量，是有效的销售线索。流量是销量的保证，流量就是消费者的注意力。流量是用来支撑销量的，所以流量不是终点，变现才是。要关注流量背后的人，一个个鲜活的人，而不是流量本身！所以，生意的本质是流量，还可以再进一步，并不仅限于流量，还有和用户建立的关系和交情。

用户为什么要花时间在你身上？用户花多少时间在你身上？这是我们要思考的原点，也是做传播、做内容营销的出发点。

所以，我们说流量，一定要聚焦于精准的流量、信任的流量，即有效的销售线索，而不是那些粉丝量、阅读量、点赞量等泛流量。很多人把阅读量、粉丝量当作流量，这是很大的误区。**要知道 1 个精准的流量抵得上 1 000 个泛流量。**

管理是对内的营销，营销是对外的管理！只有从生意的本质上看清楚流量的问题，才有可能解决营销问题。在此基础上，才可以谈经营用户，才可以谈管理出效率。谁是我们的客户？到哪里找到我们的客户？如何找到他们？有什么样的方法和工具可用？这是营销的首要任务。

关注精准流量而不是泛流量

人们对流量有两种算法：第一种是走过、路过的流量，比如粉丝量、阅读量、点赞量、播放量……第二种是潜在的顾客。现实中人们努力去追逐的绝大多数是第一种。

这两种流量的相同点是都没有直接产生销售。但第一种流量离销售很远，远到几乎没有什么意义。这两种流量的区别在于，第二种知道你是谁，做什么产品或服务，并对你有一定程度的信任。也就是说第二种离销售更近一些。真正的营销应该是每走一步都更加逼近用户才对。

如果你在路边开个店，第一种流量是所有从你店门口经过的人，他们中绝大部分是因为要走这条路，而与你的店毫无关系；第二种流量是进到店里的人，他们可能购买也可能没有购买你的产品。而按照 IP 营销的逻辑（传播—识别—记忆—熟悉—信任—购买），真正的流量是第二种流量。

所以，我们不要去关注泛流量，我们需要更深刻地去理解精准流量。10 亿网民都叫流量，可是我们无论从事哪一个行业，都只从事这个行业的一小部分，因此我们的用户也只是10亿网民里面的一小部分。

根据公司规模的大小，我们的市场饱和度可能只有5 000个客户、1万个客户、10万个客户、100万个客户、1 000万个客户……这些客户才是我们精准的流量，才是我们有效的销售线索。

做内容营销，就是要去获取有效的销售线索，再转化成为**订单**。

做内容营销，我们不能仅追逐阅读量、粉丝量等这些泛流量，这些虽然也叫流量，但是这种流量的转化率极低。

内容营销的顶层设计从一开始就是基于怎么在信息和用户的海洋里，获取有效的销售线索和精准的流量，用内容去喂养用户、连接用户和筛选用户，布下自己的内容之网，修建流量之渠，从而把公域流量池里的精准流量吸引到私域流量池。**这个过程就是内容营销，而且，我认为这才是真正的内容营销。**

网络上有很多讲内容营销的文章，例如“怎么做个标题党？怎么写个好文案？怎么追一个热点？怎么3个月做500万粉丝？……”这种内容营销更多的是在做数量而不求质量。这种内容营销会让人心花怒放，也更受人欢迎，但是它顾头不顾尾，**在转化成为真实销售时会出很大的问题。**

所以大家做内容营销时，要想一想自己究竟要做哪一种内容营销。

是靠做大粉丝量、阅读量，靠广告变现，还是靠自己的产品和服务变现？这是两种完全不同的逻辑，也是两种完全不同的做法。

根据我多年的实践经历来看，绝大部分的企业做内容营销是有误区的，它们总是走在这条路上，企图去寻找另外一条路上的答案。

1个信任的流量抵得上1 000个泛流量

有不少人喜欢爆品、爆款、爆文，确实，我也很喜欢。在内容营销里，很多人追逐的是乌泱乌泱的粉丝量、阅读量，特别容易忽略的一个重点是**“转化率”**。实际上，这些泛流量的转化率极低，即使百万粉丝大号又能怎样呢？

但如果换一种思路，用内容去吸引别人，让用户主动来找你，这种能够建立深度连接的流量，1 个就能抵得上 1 000 个泛流量。也就是你有 1 000个这样的粉丝，就抵得上一个百万粉丝的大号。

为什么要摒弃流量思维

在三年以前，流量思维绝对是对的，因为那时还有用户红利、流量红利。如果你没在那个时候获取便宜的流量，构建起自己的流量池，那么今天再用“流量思维”去做事情，就只是自己一厢情愿地以为还能回到三年前一样，赢的概率太小了！

大家都知道加粉、刷粉、刷流量、刷赞、刷评论这种事情，在中国已经是一个完整的产业链了，今天这个产业链的核心业务又跑到抖音上了，他们是什么火就去哪里，这也代表着拥有“流量思维”的人的心态。常见的导粉、吸粉行为，是会让企业失去生命力的，是很危险的供氧行为，企业应该具备自己的造血能力。

今天流量不增长了，**那么，还能增长的是什么？用户时间。**可用户时间也是相对的，因为用户的碎片化时间总量有限，平均每天为 3.9 个小时。我们要争夺的是——每天用户能给我几分钟时间？是 1 分钟、2 分钟还是 5 分钟、10 分钟？

当流量不增长了，要竞争用户时间时，流量思维就失去了生存的土壤。今天我们要摒弃流量思维，就是要回归到营销的本质，不再经营流量而是经营用户。即便是约定俗成地使用“流量”一词时，它所指代的意义也应该是真实的用户。

爆红的东西总是易逝的。任何未经长期积累的东西，都不会被人长久地记住。有条社交定律说得很对："以十倍速度亲近你的人，未来也会在某个时间点以十倍速度离开你。"

速生者速死，这是自然法则！

2016 年年初一下子蹦出来很多直播网红，今天还剩几个被人记住？包括今天抖音上蹿出来的很多网红，也会是这样。内容经不起推敲，就无法产生真正的价值；仅仅靠"哗众取宠"，过不了多久粉丝就会"审美疲劳"，一夜之间逃离……所以别图快，不要盲目去追逐一些爆粉、爆文、爆款、10W +。昙花一现，没有太多意义，来不及变现就消逝了。

整体而言，与"爆"结合的词语在绝大多数情况下都是和不美好的事情关联在一起的。比如：爆炸、爆击、爆燃、爆胎、爆料……

不知道为什么有那么多人喜欢用"爆"，为了一个相对小概率的"爆"，而接近一个大概率的"爆"，做事情的危险系数、失败概率都是很高的！

要远离那些说话、做事动不动就要"爆"的人！在营销里，从来没有"爆"，营销是润物细无声的，即使有爆发、爆款，也是因为厚积薄发，积蓄了很久的势能以后自然而然的结果。除此以外的"爆"都是江湖郎中式的招摇撞骗。

在当下移动互联网的这个发展阶段，要摒弃"流量思维"，进入"用户思维"，用高频的内容构建自己的行业势能，然后在势能之上再构建一个属于**"我"**的舆论场，也就是自己的私域流量池。

第 2 节　新媒体时代背景下的传播学与实践应用

传播学，看似离我们的生活、工作、营销很远，很多人认为它是大学院校里新闻系的学生才学的东西，实际上这些理论很重要。我们每个人每一天都在做传播，甚至可以说“今天的营销 = 传播”。

传播的定义

《新闻与大众传媒通论》一书提到，所谓传播，指的是信息的交流与分享，或人类借助**符号**交流信息的活动。传播的目的在于使传播内容为传播对象所理解，使传播者与传播对象实现信息共享。在通常情况下，传播的内容经过传播者的加工转换实现了符号化（这一过程称为编码），只有具备这种符号解读能力的传播对象才能确定传播的意义（这一过程称为解码）。如果不具备这个前提，传播将无法进行。

传播学四大先驱之一的拉斯韦尔在 1926 年对“宣传”下的定义是：它仅仅是指通过重要的**符号**，或者更具体但不那么准确地说，就是通过故事、谣言、报道、图片以及社会传播的其他形式，来控制意见。1934 年，他将宣传的定义修正为：宣传，从最广泛的含义来说，就是操纵表述来影响人们行动的技巧。拉斯韦尔认为广告和公告都属于宣传范畴。

《大不列颠百科全书》对宣传下的定义是：“宣传是一种借助于**符号**（文字、手势、旗帜、纪念碑、音乐、服饰、徽章、发型、硬币图案、邮票，等等）以求操纵他人信仰、态度或行为的或多或少系统的活动。”

随着对传播学的研究逐渐深入，我国学者对宣传的理解与国外同行趋于一致。《中国大百科全书》中对传播的定义是：“运用各种**符号**传播一定的观念以影响人们的思想和行为的社会行为。”

传播是一个比较大的概念，它包括了宣传，除此以外的新闻、广告、公关等都属于传播学的范畴。在现代的传播活动中，**善于将自己的观点和倾向性隐含在精心选择的内容里，这样的人被认为是高明的宣传家。**

在今天的社交媒体里，内容大爆炸以及碎片化阅读的特征使得**“传播的符号”**更加重要。过去打造品牌就是打造符号，我的观点是：“打造 IP

的本质就是打造标签。在移动互联网上，一个广为人知的**标签**被人们称之为 IP。”

IP 在信息冗余时代弥足珍贵

信息时代摩尔定律主宰一切。摩尔定律揭示出信息和技术的更新速度，每18～24个月就会成倍地增长一次。所以一定要重视信息冗余这个事儿。我们每个人每天刷完朋友圈，还能留下印象的信息不多，也就两三条甚至更少。经常是刷完下一条，上一条就完全忘记了。

信息的冗余是精准传播的障碍，却无法改变它。而且信息还会更加冗余，更加泛滥化、同质化，**也就是说再好的内容也会被淹没。**用户面对这种情况时只会做删减的动作，因为冗余的背后是同质化，用户对同一类的内容只会选择关注其中一两家内容的提供者。

因此，我们做传播时需要有相应的策略：

（1）优质内容输出＋重复不断的曝光是根本要求；

（2）建立信息内容的标签识别系统才能放大传播的效率；

（3）打造所在领域的 IP 才能长久地赢得用户的选择。

这个时代，**获取信息的成本越来越低，筛选信息的成本越来越高**，营销和传播的难度大大增加了。在朋友圈里我们即使是看到同一条内容或同一篇文章，也会根据发送的人是谁而采取不同的态度，去判断有用没用，有没有价值，值不值得信任。

比如一个人过去给别人留下的印象是在朋友圈里经常发鸡汤、八卦、乱七八糟的内容，有一天哪怕他转发一条极为重要的权威信息，人们也不会相信他。

今天人手一部手机，信息变得冗余，高效率的传播就是让信息从“熵增”到“熵减”。为了实现熵减，让信息变得有序、清晰，IP 出现了，IP

是熵减的产物。每一个细分领域都会出现IP，它让用户不需要再关注其他无数个同质的媒介，而只需要关注IP就可以。

“人”越来越主导信息的传播、信息的价值以及信度。越是在网络时代，由人传达的价值越是重要，“人媒体”的价值越来越凸显。用户更在乎的是谁的内容有价值、谁的内容帮助了他。更进一步地说，当你成为某一个细分领域里面的超级IP时，即使别人也在输出类似的内容，也会首先想起你，用户也会认为这个内容是你的，或者以你说的为准。同样一句话，同样一个意思，我们去说和马云去说产生的结果完全不同，用户相信的程度也完全不同。

“个人IP”在信息冗余的时代弥足珍贵。绝大部分的私域流量池构建者都带有IP属性，因为IP本质是一个专家的形象，是信任的代名词，这就使得更多的用户能够精准地找到他，并且信任他的产品，因此，强化自己的IP与搭建私域流量池是紧密相连的，要同步做好。IP才是最高级、最稳定、最安全的私域流量池。

人际传播是一种符号互动

人际传播就是一种符号（标签）互动。**这句话如何理解？符号互动论认为**：人对世界的认识，并非是对世界本身的认识，而是对世界中的客观事物的“意义”的认识；这种意识来源于与他人的互动交流，这种互动交流是**以符号为载体，以意义交流为目的**的。人在这种互动行为中不断调整自己对客观事物的“意义”的把握。人通过这种对“意义”的把握，来进行判断、决策，并做出相应的行为，调整自己与环境的关系。

人际传播是个体与个体之间的信息传播活动。

从传播方式和内容上来说，人际传播的方式就是**以符号为载体，内容就是意义**。人际传播的媒体有语言符号、姿态、手势、表情等。无论是哪一种媒介，都是一种可以指代某种意义的**“符号”**。这里的意义指的是人际交往主体想要表达的态度、意见、情感和情绪等。

从人际传播主体的行为上说，行为主体在不断地进行“互动”。人际交往以其渠道的多样性、方法的灵活性，以及互动性强、反馈及时等特点，凸显了传播双方典型的**“互动关系”**。

人际传播有获得信息，建立与他人的社会协作关系，认识自我和相互认知，满足人的社会性的精神心理需求等目的。每一条都印证了符号互动论的观点，其中与符号理论贴合最紧密的一点就是**“自我认知”：**你是谁？你做什么的？你代表什么？为什么你能代表？如何让别人认识到这些？

在信息冗余的时代，如何让你的内容脱颖而出？

答案是：内容只是为“符号或标签”服务的，人们只能记住“你的标签”。这是提高传播效率的最重要法则。

社会化传播的 5W 模式

现代的传播学从起源到诞生的近百年来，经历过纸媒时代、电报时代、广播时代、电视时代、门户网站时代、社交媒体时代，马上又要迎来 5G 时代，视频和短视频会爆发……虽然媒介平台不断变化、传播的特点和信息分发的算法有变化，但是其背后传播的原理一直没有变。传播学四大先驱之一的拉斯韦尔在 1948 年提出来的 5W 传播模式依旧是经典的。

谁（Who）→说什么（Say what）→通过什么渠道（In which channel）→对谁说（To whom）→取得什么效果（With what effect）

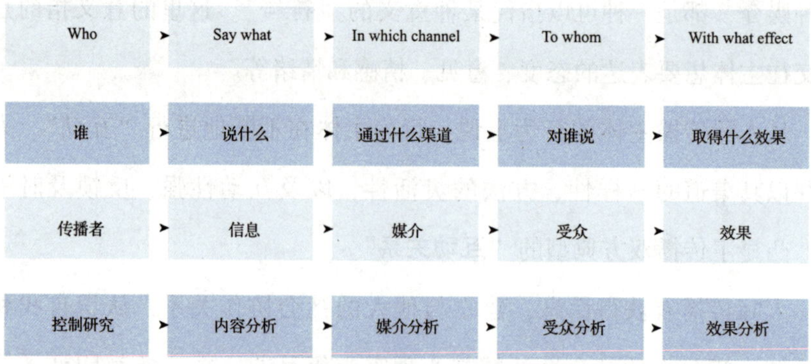

5W 传播模式

精准的新媒体传播也遵循 5W 传播模式，我们做新媒体营销时需要倒推：

你想达到什么目的？

为了达到这个目的，需要说些什么？

具体对谁说？

在哪些新媒体平台上说？

为什么要听你说？

把这些问题理清楚，做起新媒体营销就井井有条了。

符号与传播

拉斯韦尔在他的名著《世界大战中的宣传技巧》一书中写道：“……符号被认为具有神秘、不可思议的魔力，这种魔力的最大秘诀在于唤起人们的刻板印象……恰似狗对铃声做出条件反射那样，在刻板印象面前，人们不约而同地做出一致的反应。”

符号是人类传播的构成要素。在一个参与者的脑海中，它代表某种意思，如果对方接受这些符号，它在接受者的脑海里也代表类似的意思。

《新闻与大众传媒通论》一书中对宣传和新闻在内容、方法、目标上的区别做了如下介绍。对于我们非新闻从业者来说，我们着重去看“宣传”在强调什么，这对于我们以后开展内容营销这一传播活动将大有裨益。

第一，宣传重符号，新闻重信息。符号是对于特定的反应者而言具有特殊意义的信号（刺激物）。一个特定的群体认为某个符号具有特殊的含义。为了获得最大的宣传效果，符号内容在基调上应当是积极的。宣传者在选择符号时应做到少而精。

只要充满激情，一个简洁的口号、图案往往胜于千言万语。在现代商业社会中，设计一个个性鲜明、易识易记的标志符号是成功的企业宣传的首要条件之一。而新闻传播追求的是尽可能大的信息量。

第二，宣传重重复，新闻重新意。宣传受预设、恒定目标的导引，需要以相同的内容对宣传客体进行反复的灌输。而新闻传播期待的是“朝朝新世界”，忌讳老生常谈。

戈培尔说：“谎言重复 1 000 遍就成真理了。”古斯塔夫·勒庞在《乌合之众》中说：“夸大其词，不断重复，言之凿凿，绝对不以说理的方式证明任何事情，是说服群众的不二法门。”不断重复的说法会进入我们无意识的自我的深层区域，而我们的行为动机正是在这里形成的。到了一定的时候，我们会忘记谁是那个不断被重复的主张的作者，我们最终会对它深信不疑。

第三，宣传重观点，新闻重事实。宣传所传播的总是某种观念，它通常表现为一定的理论、纲领、方针、道德主张等，即便传播某些事实，这些事实也是为上述观念服务的。而新闻传播须臾离不开具体的、不以人的意志为转移的事实。

第四，宣传重时宜，新闻重时效。为了获得更好的效益，宣传者总是选择适当的时机发布某些信息，宣传过程中常伴随着“旧闻”和“不闻”。

而时效是新闻的生命。

第五，宣传重操纵，新闻重沟通。宣传的本质在于其功利性，旨在对宣传客体进行操纵和控制。新闻传播则以环境变化的最新信息来沟通整个社会。

做出简洁有力的断言，不理睬任何推理和证据，是让某种观念进入群众头脑、操纵群众最可靠的办法之一。一个断言越是简单明了，证据和证明看上去越贫乏，它就越有威力。利用广告手段推销产品的商人深知断言的价值。广告能有令人吃惊的威力 ，这就是原因。

第六，宣传有重点，新闻讲平衡。一个社会的统治者必然是社会主导价值观的宣传者，其宣传活动总是具有强烈的倾向性。而新闻传播则注重以全面、详实的最新事实来勾勒世界的完整画面。

一个人的标签和他在媒介上的内容是一种互相照应。标签只是内容的一种形式，而不是内容本身，但标签却是传播的抓手，即 IP 记忆点。

所以我说打造品牌就是在打造符号，打造 IP 就是在打造标签：

标签是用来帮助用户识别的；

标签是降低用户搜索成本的；

标签是获取被发现的优势的；

标签是最容易被用户记住的。

在新媒体的世界里我们记住的每一个人，实际上记住的就是一个个标签。IP 的本质就是我们存在于互联网上的一个标签。比如崔永元、刘强东、马云、咪蒙、樊登、papi 酱、李佳琦……现在他们身上有哪种标签？

品牌就是你和多少人就某一件事达成了共识，传播就是反复不断地和很多人去说一个事。**品牌是传播的结果，也是产品使用后的反馈**。新媒体时代的传播之所以重要，是因为它已经由过去单向的传播变成了双向的沟通。

互联网营销和传播的核心就是：在信息泛滥、内容高度同质化的时代，我们（个人/企业）如何才能与众不同？别人如何才能记住你？别人如何才能知道你是某一个细分领域里面比较权威的那个人？

传播好自己，是赢得用户的关键。我们每一个做营销、做传播的人，都要想一想你是谁，你的产品是什么，你的公司是什么，你在互联网上有没有一个标签。

标签为王，内容为后

内容是资产；

内容是战略；

内容是最好的广告；

内容是企业的第 1 个产品。

这些都是在说内容的重要性。

内容为王并没有错，但只是在强调内容的重要性，却不能提高内容营销的效率。内容重要，标签更重要！

今天的内容是泛滥的、冗余的，再好的内容发出去，分分钟也会被淹没在信息的海洋里，用户根本记不住。一个好内容 90% 留给用户的是一个美好的印象，而 10% 才是内容本身。要想让传播/内容营销的效率比别人高几十倍、100 倍，就必须做到“标签为王，内容为后”，即内容捍卫标签，内容服务标签，内容丰富标签，内容证明标签。

高明的传播者总会有意识地，把他的符号/标签植入内容中。既然内容记不住，那记住标签就可以了。

标签是什么？

标签就是告诉别人你是谁，你代表什么，你是做什么的，为什么你可以做好这件事。

我们要想打赢“内容营销”之战，就必须要有源源不断地输出内容的能力，讲好自己产品/公司/行业的故事，用“内容”构建起所在细分行业的势能。这是别人无法竞争和模仿的。内容本身就是壁垒，做好内容营销以后，自然而然的结果就是“把IP打造出来了”，而IP更是铜墙铁壁般的壁垒。

我们要想打赢“内容营销”之战，还要学好传播学，通过传播学不变的原理和规律，成百倍地放大传播/内容营销的效率。对传播学没有了解的人看不懂我上面说的“标签为王，内容为后”是什么意思，更不会具体应用，还只会停留在2015年之前的“内容为王”的认知阶段。

高明的传播者有两种：第一种是制造各种热点话题，让全民一起嗨，他在后面摘果子吃。这一种见效最快，风险也最大，一不小心就被封杀了。第二种是善于将自己的观点和倾向性隐含在精心选择的内容里。后一种是把营销做得润物细无声，这种持续累积而来的爆发力是最厉害的，是前一种比不了的，传播做到这种程度以后，广大的用户就会主动找上门来。

传播不是覆盖，而是穿透

覆盖是单向传播时代的概念，比如广播、电视媒介，那个时候也只能做到覆盖（多少人）。而如今传播变成了双向可互动，媒介本身也发生了很大变化：

一是媒介的去中心化，人人都是自媒体；

二是主流媒介从广播、电视让渡给了微博、微信、抖音等社交媒体。

在这种情况下，再去讲上一个时代**“覆盖”**的概念，就不够用了。这个时候，多数人基于“覆盖”的理念，就会形成“追逐阅读量、粉丝量、播放量”的认知。但是他们忽略了一个更大的前提：时间碎片化、营销碎片化、内容泛滥化。

今天要做好传播不能止于覆盖，更要考虑如何穿透！

我们不仅仅要在多个媒体平台发内容，还要考虑内容的优质度、精准度、原创度，更要考虑如何帮助受众**“筛选信息/内容”**，这就需要做好自己的**IP 记忆点**，就是内容不仅要好，还要包含受众可识别的**标签**。

我过去几年做传播，就聚焦一个点。我深刻地践行了这句话——传播不是覆盖，而是穿透。就那一个点，你持续去传播，可以很快穿透。问题的关键是很多人找不到那个点，他们太急了，根本静不下心来找，所以很多年过去了，他们也没闲着，但做的传播几乎都是无用功。

传播不在于一城一地的得失，不在于一篇、两篇文章的阅读量有多大，即使 100W + 阅读量也没什么意义。

传播在于穿透，而不是覆盖！一次穿透抵得上 10 000 人次的覆盖。传播是先完成覆盖，在覆盖中做精准的穿透。

传播的关键在于——通

无论是过去的传统媒体时代，还是现在的新媒体时代，传播的目的就是这 10 个字——传者传其意，受者晓其事。只有做到这点，传播才算做“通”。作为传播主体的我们一定要知道，我们所传播的内容与传播客体（受众/用户/内容的消费者）知晓的是否一致。如果不一致，则传播做了无用功。

我们做内容营销不是仅仅发内容给用户看，而是为了“获取关注，赢得认同”。只有做到这些，才能在信息和用户的海洋里“连接用户—筛选用户”，才能获得源源不断的精准流量。否则的话，即使获取很多的阅读量、粉丝量、播放量，也都是不精准的流量，在实际转化为销售时，并没有特别大的意义。学传播，做各种新媒体的运营，看懂了这一条就能少走很多弯路。

传播是针对不懂的、不知道的人，把我们的意思明确地向他们传递过去，以形成统一的认知和行动。

传播中最常见的错误是自说自话，也叫自嗨。据我观察，有半数以上的营销人员长期在切断自己的传播。

在传播里有以下两个方面的问题需要特别注意：

第一个是传播的内容是不是简单、清晰、有重点的以及是不是与传播主体相关的。

第二个是不要自己切断传播，不要自我制造传播的障碍。

凡是需要跳转的，每一次传播的效率都要衰减 99%。如果需要跳转两次，那么理论上一万个用户看到了这条信息，只有一个会完成两次跳转。

用一句话总结“高效率传播的心法”：一切使得传播主体向受众（传播客体）传播的信息/内容“明确化的手段”和受众接受信息/内容“便利化的手段”，都构成了有效传播的要素。

以个人微信为例：昵称、头像、个性签名、朋友圈封面图、朋友圈里发的内容等信息，是明确还是模糊了“你是谁？做什么的？代表什么？”。比如你是卖西瓜的，你传播的内容如果是鸡汤、八卦、成功学，那等于没做传播，甚至起了副作用。

很多人做传播、做内容营销，就像在找这样的一本武林秘籍，好获取他心中念念不忘的 10W + 爆文。实际上这个东西近乎不存在，去寻找一个近乎不存在的东西，多累心啊。像咪蒙一样的标题党，追热点、制造公众焦虑，是可以有 10W + 的阅读量，可是她正是因为如此被封号了。2018 年眼花缭乱的互联网上，给人更多的是教训，“眼看他起高楼，眼看他宴宾客，眼看他楼塌了”的事件层出不穷。

把传播做好，把内容营销做好，把握一个个的传播点，让每一个传播点都放大传播的效率，“一切使得传播主体向受众（传播客体）传播的信息/内容‘明确化的手段’和受众接受信息/内容‘便利化的手段’，都构成了有效传播的要素！”，这句话一定要记清楚！

在泛滥的内容里，你的内容再好，也不会让人记得住，人们只能留下一个美好的印象，只能够记住你的内容里始终强调和重复的那个标签（也就是你是谁，做什么的，代表什么）。传播只有做到这一步，才算打通打透。做不到这一步，只叫作覆盖，而没有穿透，所以说传播不是覆盖，而是穿透！

说到这里，内容营销的本质就出来了，就是八个字：获取关注、赢得信任！

第 3 节　内容从哪里来

做内容营销时，并不是什么样的内容都可以。内容要注意以下几点。

1. 原创内容很重要

你抄袭的、搬运的、拼接的内容和原创的内容，给人的感觉完全不一样，带来的信任感也不一样，还有侵犯别人知识产权的法律风险。

2. 内容的专业度和优质度

信任来源于专业，人们都信任专家，这是常识。内容是不是足够聚焦和专业？是不是能围绕品类和品牌创作专业化“干货”？是不是有深度？是不是优质和有价值？是不是能够解决某一细分行业用户的问题？一个好内容是需要有积累和下功夫的。

一旦你的东西成为经典，你就是别人的典范！专业是未来的核心竞争力！美国未来学家托夫勒于 1990 年出版的《权力的转移》一书中指出人类权力的构成有三种：暴力、金钱、知识。此书的核心思想就是告诉人们权力正在向“知识”转移。

这些年不断出现的超级 IP，分析其背后的核心竞争力，无一不是拥有某一个领域里的专业知识。读书读得好可以成为樊登读书会，鸡汤写得好可以成为咪蒙，孩子故事讲得好可以成为凯叔讲故事，星座知识讲得好可以成为同道大叔……

这给我们的启发是：无论是个人还是企业，要想在所在的领域里有影响力，无论是打造个人 IP 还是做好营销，积累专业知识和把专业知识以内容的形式源源不断地输出，去影响更多受众的认知，是非常重要且必不可少的事情。

3. 什么样的内容喂养/连接什么样的用户

内容好比是花粉，用户是蜜蜂，想要收获什么蜜，就要先去种什么样的花，然后把蜜蜂喂饱了才会有蜜。

因此大家要思考以下几点：

你的用户是谁？你的受众/粉丝是大众的还是小众的？

你要做哪一类内容才能连接上他们？

你的用户在苦苦追求什么？逃避什么？焦虑什么？迷茫什么？

内容不在乎高大上还是低俗，而是对粉丝胃口。

让人听得懂的，拥有真情实感的就是好内容。

好内容是跟粉丝有关系的。

好内容是粉丝能从里面找到自己的。

好内容是能给粉丝创造美好体验的。

好内容是能让粉丝为他自己行动起来的。

做内容营销，没有内容该怎么解决？

如果真的没有内容，那么谈怎么做好内容营销就是一句空话，就真的是巧妇难为无米之炊了。任何一个人、一个企业去做内容营销，都必须有内容，而且内容必须自己做，别人替代不了你的。即使找一些代运营的公司，它们也会要求内容由你来提供。

也有一些代运营公司说它们能提供内容，一个月发 6 篇、8 篇的稿子，但是它们发的是通稿。所谓通稿，就是这一篇文章同时供应很多个账号，不管什么行业、什么公司都可以用来凑个数。因为你给的钱少，一个月几千元钱请人代运营，就只能得到这个。代运营公司一个员工手里服务着七八个账号，不可能给你写原创内容，内容质量也无法保证，只能保证有内容。为了满足一些公司追求阅读数、粉丝数的要求，它们一般还会使用一些鸡汤、八卦、情感、热点类的内容，甚至花点小钱买点阅读量。

当然也有做得好的专业代运营，比如杜蕾斯就是找某著名公关公司代运营。但是人家舍得花钱呀，几百万元甚至上千万元的投入，并不比自己养一支有战斗力的新媒体运营团队省钱。

为什么很多企业没有内容输出的能力

每个人、每个企业一定有一大堆内容。根据我观察，很多企业说缺内容最大的可能性有两点：

（1）并不是真的重视。重视就意味着投入时间、精力和金钱。最简单的解决方案是：输入 = 输出。

（2）太想快。欲速则不达，尝试做了两三天，没达到预期效果，很快就放弃了。虽然方法也很重要，但以上两条才是主要原因。只要很重视又能坚持，内容自然而然就来了。

企业做内容营销有两大弊病：

一是放羊式去做，做什么都行，没人管没人问。

二是得做领导喜欢的，领导喜欢的才是标准。我觉得领导/主管要提建议，但别干涉，要充分授权，须知新媒体运营是为了经营用户而不是讨好领导。

内容从哪里来

做内容营销时，除了方法得当，最大的一个问题就是内容从哪里来。

1. 什么是好内容

做内容，不是什么内容都可以，内容要与自己做的事相关。不能什么内容火就发什么。

好内容的本质是与用户相关，对用户有用，而不一定要求阅读量大。

真情实感就是好内容！

很炫的文案，很高明的标题党并非内容营销的核心，它只是讨好注重短时间内看到漂亮数字的人，却忽略了转化率。

IP营销的逻辑是一个消费者正常的购买逻辑。你持续传播一个内容——通过内容用户能够识别出来你是谁；做什么的——多次看到你的内容后，用户记住了你是谁；做什么的——逐渐产生了信任，需要时找你购买。

营销圈内普遍的浮躁在于“从传播一步跨越到购买”，于是过分强调文案的绝技，过分使用夸张的标题，这并不符合消费者正常的消费逻辑。用户来到你面前，总会有一段比较长的考察之路，这也是不可跨越之路。

有趣、有料、有用是内容的三个不同的需求，既独立又统一：

有趣的内容——主要是帮助别人快乐地打发时间，可以是鸡汤、八卦、娱乐新闻等。

有料的内容——浅层次地提供营养，不完全是为了消遣，多少得有些甜点。

有用的内容——实用的，解决问题的。

有趣、有料、有用，这三部分内容的受众数量是递减的。

有趣的内容，全体网民都是它的消费者；有用的内容，则只有一个个细分市场的消费者感兴趣；有料的内容是围绕细分市场再扩大一圈受众的内容。

知道了这三点的区别以后，回头再去看看自己的内容营销是怎么做顶层设计的。若是能把有用、有料的内容做得有趣，那就厉害了。

2. 内容的来源的四个维度

产品维度——讲好产品的价值、特点、用户体验和与众不同之处。

企业维度——企业为做好这个产品所发生的一系列的故事。这里面包括企业的价值观、文化理念、创始人的情怀、企业的动态和获得的荣誉。

行业维度——这个行业整体是什么情况，有哪些变化？企业为改变行业所付出的努力。

用户维度——站在用户的角度看问题，用户有哪些诉求、抱怨，我们如何去解决用户的问题。

如果这样说，还是不知道内容从哪里来，首先记住一句话：输入 = 输出。

没有内容输出的能力，说明输入得不够，积累得不够。至少可以多看点书、多上网搜集一些资料。

做任何一个行业，做任何一个产品时，都要思考以下问题：

你的用户究竟是谁？

用户有什么问题需要解决？

你能提供什么有价值的解决方案？

围绕这些，花三个月时间做出来“答客户100问”，你就会发现你有源源不断的内容，条条内容都让用户感动。

比如，我有一个朋友，他是北京体育大学的博士生导师，还是国家跆拳道队和高尔夫球队的体能教练，同时他还有一家公司，做颈椎、腰椎、肌肉拉伤等的体能康复。现在年轻人得颈椎病、肩周炎的越来越多，用他的方法治疗效果很好，见效很快。

颈椎自重的矢状面练习

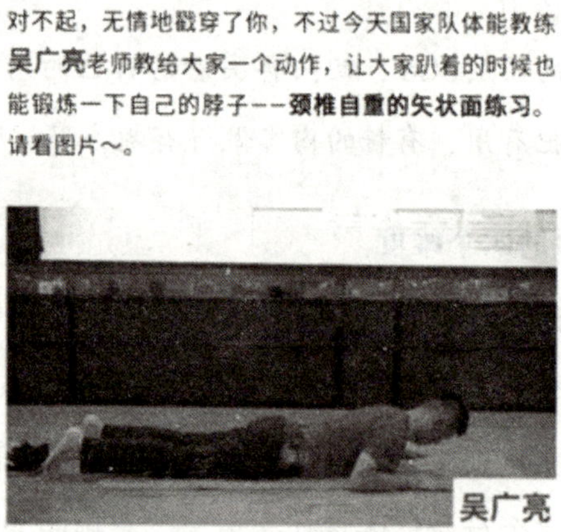

他的营销内容可以怎么做？

针对人们遇到的颈椎痛、腰椎痛、肌肉拉伤、肩周炎等问题，做成“答客户100问”，可以是图文的，也可以是小视频。

仅肌肉拉伤就可以做出来几十套营销方案。人体肌肉有很多块，每一块的肌肉怎么拉伸、怎么恢复，方法都不一样。你看，这样去做的话，有可能“答客户1 000问”都能做出来，内容就源源不断了，而且很优质，很有价值，还与自己做的事相关，这就是最好的内容。

3. 怎么从1个内容变成100个内容

内容的形式分为文字、图文、音频和短视频。

最经典的是文字和图文的内容。比如写出来一篇 1 500 字的文章，可以复制粘贴到十几个主流图文社交媒体平台上，这一篇内容就变成十几篇次的内容。

还可以把这篇文章变成十段八段，每段一两百字、两三百字的短文，在朋友圈、微博、微头条、脉脉、豆瓣、知乎和搜狐动态等上发布，这又传播了一圈；同理，还可以把这篇文章变成音频、短视频，在喜马拉雅、抖音、快手等平台上发布，再传播一圈。

所以，这样一个内容就可以变成 100 个内容，可以覆盖大多数社交媒体平台，还传播了好几轮。所以说，无论是个人还是企业，要做好内容营销，内容是不应该缺乏的。

第 4 节　布下内容之网——连接用户、筛选用户

信息大爆炸时代，每一天都会产生海量的信息，我们去做传播，无论我们传播的是企业、产品，还是我们个人的观点，其实都是在输出各种形式的内容。

内容发布出去以后，是不是一定可以被人看到？

我的朋友圈里面有 5 000 人，是不是我只要发布一个内容，5 000 人就都能看到？

不是！

平均只有 1%~2% 的人能看到。在早晚高峰的时候，最多只有 5%~10% 的人才能看到。在这个时候，我们要考虑传播的效率问题：怎么样才能够使传播的效率更高呢？

这一章我主要把下面这张“内容之网”的图讲透，内容营销效率就能

比原来有所提高了。

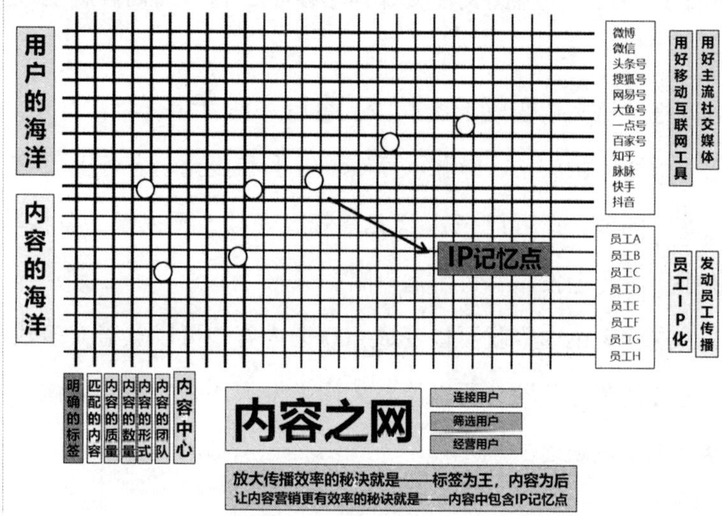

对照这个图，我先解释一下内容之网：

主流社交媒体平台——是用户的海洋，也是内容的海洋。11 亿网民，每人每天拿出来 4 个小时的碎片化时间，在这十几个主流社交媒体（微博、微信、头条号、大鱼号、网易号、百家号、搜狐号、喜马拉雅、抖音、快手等）里“消费内容”。

布下内容之网——去这些主流的社交媒体平台输出内容，用内容连接用户、筛选用户，然后经营用户。哪里有用户，用户消费什么内容，就去哪里做什么样的内容，当然这个内容要与自己的行业、品牌、产品、服务匹配起来。

IP 记忆点——内容当然要优质，但是内容再好，用户也记不住，所以在内容里要有“明确的标签”，即 IP 记忆点（你是谁？做什么的？代表什么？）。这就是说在内容营销里“**标签为王，内容为后**”，内容捍卫标签、服务标签、丰富标签、证明标签。

与其临渊羡鱼，不如退而结网

内容是最好的广告。全平台都缺优质内容，只要内容够好，流量就是一只嗷嗷待哺的饿狼。要做好内容营销，**企业就要成立“内容中心”**——生产源源不断的各种形式的内容，去织一张又细又密的内容之网。把潜在的精准顾客从用户的海洋里、内容的海洋里筛选出来。

同时，各种形式的内容是“弹药”，企业的员工是“枪支”。打仗拼的就是弹药，发动员工传播，需要给他们提供弹药。大部分员工没有输出内容的能力，也没有动力，做好了内容提供给他们，让他们复制粘贴就容易多了。

一个百八十人的企业成立一个内容中心，让内容覆盖全网，再发动全员去传播，一方面企业品牌的曝光量很大，另外一方面还能收获源源不断的精准用户。这样做，企业的流量一定是不愁的，这样才能打胜仗！

让内容营销的效率提升一百倍的方法

在“内容之网”的图里，最有价值的是**“IP 记忆点”**。懂行的人看的是门道，不懂行的看的是花红柳绿的热闹。再好的内容、即使妙笔生花，也只是内容，内容要用来诠释 IP 记忆点的。

IP 记忆点就是我们标签系统的一部分，是我们的核心观点、价值观等。在这个内容超级泛滥的时代，无论什么样的内容发布出去，人们都记不住。所以，我们要想从内容本身去突破传播，要走一条很辛苦的路，**而让别人只记住“你是谁？做什么的？代表什么？”，做好自己的“IP 记忆点”就容易多了。**

让受众深信不疑的三个重要内容营销手法有：断言法、重复法、传染法。“标签为王，内容为后”，就是其具体的应用。我们做内容营销，就是为了让受众记住"你是谁？你做什么的？你代表什么？为什么你可以代表它？"。这是传播里最核心的秘诀。

我给自己贴的主标签是"祝福——IP营销方法论开创者"，围绕IP营销我主要谈5个方面："新媒体背景下的传播学""如何做好内容营销？""如何打造超级IP？""如何从0到1搭建私域流量池？""如何做好微信（朋友圈）营销？"。我把这5个方面做成了我的细分标签。每年我都写一两百篇原创的文章，覆盖在十几个主流的图文平台上。每年我的朋友圈发布的动态消息达数千条。这些内容都是围绕这5个方面去写的，从未有过偏移。

我知道我的这些文章、几千条动态信息加起来有几十万字的内容，人们根本**记不住，**于是我就做了**上百条IP记忆点。**所谓IP记忆点，就是一个个浓缩的观点、一个个金句。然后我把IP记忆点植入这些内容中，不断地重复这些IP记忆点，因为内容本身就是为了这些IP记忆点服务的。IP记忆点是为了支撑细分标签的，细分标签是为了支撑和丰富主标签的。IP记忆点+细分标签+主标签，一起构成了标签体系。

就我个人而言，我传播的目的是为了证明、捍卫、丰富、重复我是"IP营销方法论的开创者"，这是我的主标签。但是，如果我每天只发100遍这句话——我是"IP营销方法论的开创者"，别人肯定不会相信我。那我就用上千条不同的**内容，**来**捍卫、重复、证明、丰富这个主标签。**

IP记忆点这张图就是讲如何提高内容营销效率的。这是各行各业都适用的方法。图示的主标签、细分标签、IP记忆点是拿我自己在举例。

在这个内容泛滥的时代，获取信息的成本越来越低，筛选信息的成本越来越高。信息太多了，哪些信息是有用的，哪些是没用的，怎么筛选出来，就成了大问题。今天我们做传播，就是在替用户筛选内容。

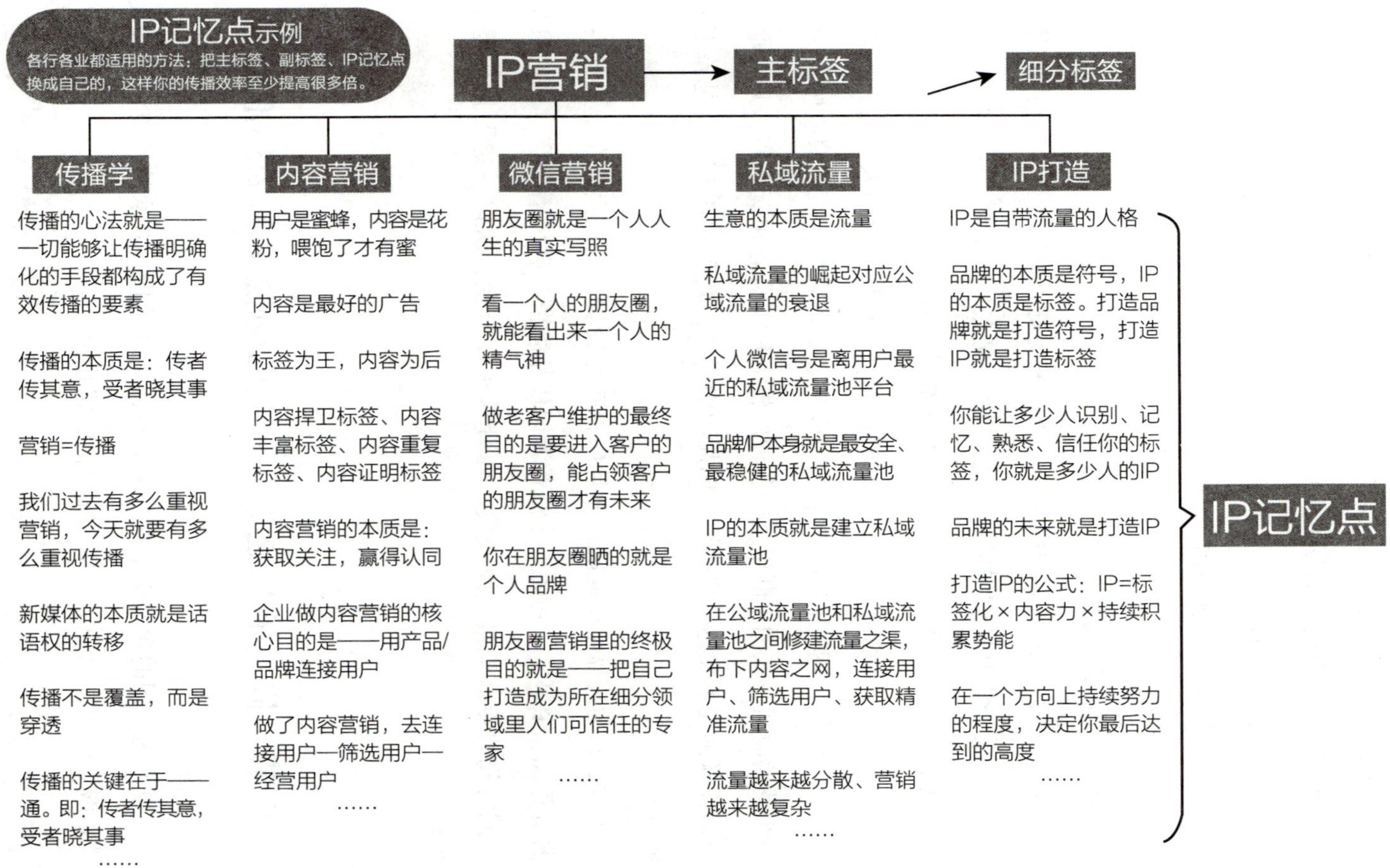
IP记忆点示例
各行各业都适用的方法：把主标签、副标签、IP记忆点换成自己的，这样你的传播效率至少提高很多倍。
IP营销
主标签
细分标签
传播学
传播的心法就是——一切能够让传播明确化的手段都构成了有效传播的要素
传播的本质是：传者传其意，受者晓其事
营销=传播
我们过去有多么重视营销，今天就要有多么重视传播
新媒体的本质就是话语权的转移
传播不是覆盖，而是穿透
传播的关键在于——通。即：传者传其意，受者晓其事
……
内容营销
用户是蜜蜂，内容是花粉，喂饱了才有蜜
内容是最好的广告
标签为王，内容为后
内容捍卫标签、内容丰富标签、内容重复标签、内容证明标签
内容营销的本质是：获取关注，赢得认同
企业做内容营销的核心目的是——用产品/品牌连接用户
做了内容营销，去连接用户—筛选用户—经营用户
……
微信营销
朋友圈就是一个人人生的真实写照
看一个人的朋友圈，就能看出来一个人的精气神
做老客户维护的最终目的是要进入客户的朋友圈，能占领客户的朋友圈才有未来
你在朋友圈晒的就是个人品牌
朋友圈营销里的终极目的就是——把自己打造成为所在细分领域里人们可信任的专家
……
私域流量
生意的本质是流量
私域流量的崛起对应公域流量的衰退
个人微信号是离用户最近的私域流量池平台
品牌IP本身就是最安全、最稳健的私域流量池
IP的本质就是建立私域流量池
在公域流量池和私域流量池之间修建流量之渠，布下内容之网，连接用户、筛选用户、获取精准流量
流量越来越分散、营销越来越复杂
……
IP打造
IP是自带流量的人格
品牌的本质是符号，IP的本质是标签。打造品牌就是打造符号，打造IP就是打造标签
你能让多少人识别、记忆、熟悉、信任你的标签，你就是多少人的IP
品牌的未来就是打造IP
打造IP的公式：IP=标签化×内容力×持续积累势能
在一个方向上持续努力的程度，决定你最后达到的高度
……
IP记忆点

谁能降低用户信息筛选的成本，

谁就能获得首先被发现的优势，

谁的传播就会有效率，

谁的内容就会脱颖而出，

谁就能和用户建立信任，

谁的营销就能做得更好。

100 倍放大传播效率的秘诀就是“标签为王，内容为后”，让内容营销更有效率的秘诀就是：“内容中包含‘IP 记忆点’。”

其实 IP 记忆点的原理和应用在传统媒体时代就已存在。

比如飞鹤奶粉的广告语：“飞鹤奶粉，55 年专为中国人研制，更适合中国宝宝体质。”脑白金的广告语：“今年过节不收礼，收礼只收脑白金。”传统营销时代，我们不断重复的各种广告语其实就是 IP 记忆点，只是那个时候互联网还不发达，广告语又叫品牌沟通语，其实和 IP 记忆点是差不多的意思。

过去因为传播是单向的，而且广告费比较贵，所以只能在十几秒内对消费者说一个事、一句话，让消费者记住品牌商。就传播而言，变的只是不同时代的传播工具，而经典的原理从来没有变，所以一定要把传播学学好！

第 5 节　修建流量之渠——获取源源不断的精准流量

下面这张图的含义很丰富、很完整，它既是指导获取精准流量和有效销售线索的图，也是搭建私域流量池的路线图。

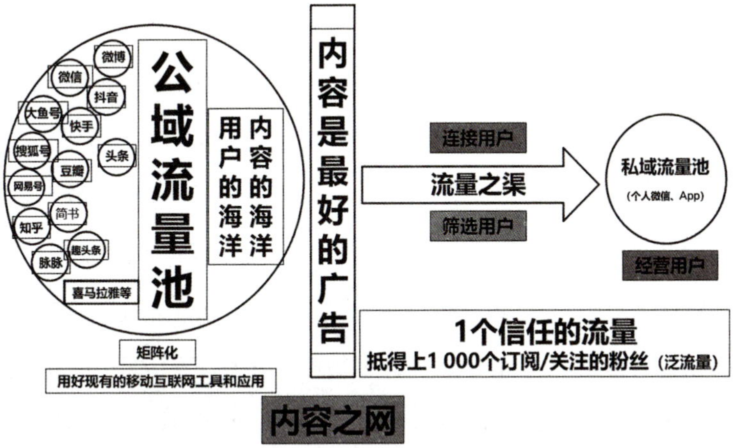

一边是"公域流量池"，个个都是用户上亿的主流社交媒体平台，我们可以选择适合的平台，做新媒体矩阵，做到全网覆盖。这里面的诀窍是：做好图文、语音或短视频等内容后，去相应的平台上投放即可。

另一边是我们自己的"私域流量池"。

在两者之间修建**"流量之渠"**，从而获取源源不断的**精准流量**。

并非什么样的流量都是我们需要的，所以要在流量之渠里布下**"内容之网"**（详见上一章）。很显然内容之网不仅仅是用来连接用户的，更是用来筛选用户的。流量之渠是用来连接公域流量池和私域流量池的，最终实现在私域流量池里长期经营用户，实现高转化。

连接用户—筛选用户—经营用户，是搭建私域流量池的完整流程

连接用户：互联网的工具便利了人们的生活，理论上我们可以只靠一部手机或者一个微信 App 就可以连接上全国 11 亿网民。我们要用好现有的移动互联网工具去连接用户，用户"消费内容"，我们去输出内容，就可以建立连接了。

筛选用户：我们所在的细分行业的用户不是 11 亿网民，可能只是其中

的 10 000 个、10 万个，100 万个、1 000 万个……很多老板喜欢一网打尽，总觉得 11 亿网民都是自己的用户，实际上这是不现实的。任何一家公司，能做到拥有行业 10% ~20% 的用户，基本就是行业第一品牌了。

要想获得的流量精准、有效，就必须在获取流量的阶段做筛选。筛选靠的就是有针对性的内容，而不是大众都关心的鸡汤、八卦或情感类的内容。前文所讲的“什么内容连接什么用户”就是这个意思。在筛选用户上，下的功夫有多大，后面流量就有多精准。不能光想着连接用户，连接用户还远远不够，仅仅连接而没有筛选这一步，在以后具体的成交、转化和运营上面就会遇到问题。

经营用户：要全心全意地为用户服务。不再用流量思维做生意，不要用完流量即走或者坑完用户即走，而是要有用户思维，和用户做长久生意，注重用户的终身价值。在连接用户上要全网覆盖后再穿透。在筛选用户上一定要严格、要苛刻，用户认同我们以后就会主动找来。在经营用户上，要按照超出用户的标准提供服务。

连接用户—筛选用户—经营用户，关键在于内容之网织得怎么样

内容要足够聚焦于自己的行业/产品/用户。

内容要足够优质。

内容所包含的标签和 IP 记忆点越清晰、越明确越好。

内容所覆盖的平台越多越好、越垂直越好、越细分越好，横向和纵向做到全网覆盖，这就是在织网。这张网织得又密又细，筛选出来的用户就越多、越精准。

对于依靠具体产品来变现的企业来说，1 个精准的潜在用户抵得上 1 000个泛泛的粉丝。我们要的就是精准的用户，我们不追逐粉丝量、阅读

量、点赞量。因为精准的用户离销售最近，营销就是做无限逼近用户的事情。如果我们能看得懂“内容之网”的图，内容营销就成功了一半。要做成事，首先得走在正确的道路上，在错误的道路上得不到正确的答案。

做一个行业的营销，就是讲好一个行业的故事。成年人的世界里没有太多的选择。安心做好一件事，把它做成。成事就需要耐心、恒心、苦心。面对千变万化的世界，专注、聚焦、找到突破点才是最靠谱的做事方法。

营销越来越等于传播。今天我们做好营销，很大程度上就是做好传播，讲好自己的故事，然后连接用户、筛选用户、经营用户。

第 6 节　搭建私域流量池，长期经营用户

我们经常提到红海、蓝海，其实并没有绝对的红海、蓝海，红海中有蓝海，蓝海中也有红海。互联网最适合构建的是我们自己的**“领海”**。

什么是领海？“领海”就是自己的海域，自己的地盘，自己说了算。我们在互联网上做传播、做内容营销，要构建的就是自己的“舆论场”和“私域流量池”。

新媒体的本质说到底就是话语权的转移

过去媒体是中心化的，老百姓不掌握话语权。过去商家掌握话语权，今天用户越来越强势，就是因为媒介去中心化了，用户掌握了话语权。今天是一个人人都是自媒体的时代，人，是媒介的延伸，这就是科技的力量。科技的发展正在为每一个普普通通的个体赋能！

商业之争，就是争夺话语权！话语权就是注意力，注意力就是营销力。所以说今天的营销越来越等于传播。这也是我为什么非要在上文中加进来“传播学”部分的内容，如果不谈传播，今天的营销就无从谈起，正是因为移动互联网/社交媒体的崛起，才让传统的营销效率降低了，甚至失灵了。

一定要记住这句话：“过去你有多么重视营销，今天就应该有多么重视传播。”过去你花时间学了那么多的营销理论，例如 4P 理论、定位理论，今天也要花点时间学传播理论，要懂传播。不懂传播的人，好比黑夜里向情人送秋波。

我们重视的“传播”，传的是什么？是内容，传播就是做内容营销。传播是“传者传其意，受者晓其事”，就是让你的内容被你所定义的用户所理解。

搭建私域流量池解决的问题

建立自己的“私域流量池”，是企业营销的终极势能。公域流量终究不是自己的。在公域流量池里也谈不上经营用户，怎么经营呢？那是人家的地盘。

搭建私域流量池可以解决什么问题？

私域流量池不能解决流量从哪里来的问题，但是可以解决进来的流量怎么留住的问题。购买进来的流量通过漏斗模型进来之后怎么办？以前我们只能把这些流量作为一次性的流量损失掉、浪费掉，现在我们要想办法把这些流量沉淀到私域流量池。

进入私域流量池的流量，请记住，不再是流量，是用户！

请一定要善待这些翻山越岭来到你这里的用户，通过搭建私域流量池把用户养起来，长期经营起来。

第 7 节　做内容营销的大忌

在这里我再次强调一下：千万别往内容营销的火坑里跳。很多需要注意的问题前面多多少少都提过了。

1. 做内容营销是连接用户、筛选用户，不是主动去找用户，更多的是让用户主动找你。

这取决于以下四点：

(1) 知道自己的用户是谁。

(2) 他们需要消费什么样的内容？

(3) 与之匹配内容。

(4) 什么样的内容喂养什么样的用户。

2. 不要以为做内容营销就是发发文章，为了追逐阅读量、粉丝量，什么文章容易火就发什么。

真正的内容营销并没有多大的阅读量、粉丝量，也不应该太关注阅读量、粉丝量，因为我们要做的是某个细分行业，而不是去讨好十亿网民。只为特定的一个小众群体提供内容，哪里会有那么多的 10W＋呢！

一旦一个企业做内容营销只盯着阅读量、粉丝量，就一定不会成功。这里的企业指的是靠产品/服务赚钱的企业。靠商家投放广告变现的自媒体人，做内容时才追求阅读量、粉丝量。

真正的内容营销要获取信任的流量、精准的流量、经过筛选的流量，也就是有效的销售线索。这样的流量 1 个抵得上 1 000 个粉丝量。

3. 最重要的两条线一定不要碰：

(1) 内容要符合社会主义核心价值观。

（2）各大主流社交媒体平台的规则红线不要碰。

第 8 节　建立信任才是营销的重点

营销的本质就是构建信任

淘宝总裁蒋凡曾说："信任是互联网上产生商业行为的基础。过去的 19 年，阿里巴巴本质上就是在解决信任问题。"

我曾在朋友圈中发过这样一条动态："谁能在传播中突破信任的界限，谁知道如何在互联网上构建信任，谁的企业的前途就一片光明！"

信任感不是瞬间形成的，而是需要长期培养的。建立信任最重要的就是需要"时间"，消费者是要考察一个人、一家企业的。过去 CCTV/百度搜索等手段是一种信任的背书，替代了消费者进行的大部分考察。

今天我们营销的主阵地是社交媒体。在社交媒体上做内容营销时，如果你提供的内容杂乱无章、不聚焦，和行业无关，什么内容火就发什么，那么，人们对你的评价就是四个字——不务正业，丝毫没有信任可言。

那我们如何构建信任？

1. 内容营销的核心是"获取关注，赢得信任"

获取关注：用户对你的内容感兴趣，想进一步认识你、关注你，也就是内容的背后是一个人（企业）。内容本身没有多大意义，过一会就忘了。

赢得信任：用户通过内容认识你以后，还不断地"消费"你的内容，每次都感觉内容很好，就慢慢地熟悉"这个人"并产生信任感。

信任才是营销的核心。任何内容营销都是为了筛选出来越来越多的具有信任关系的用户。

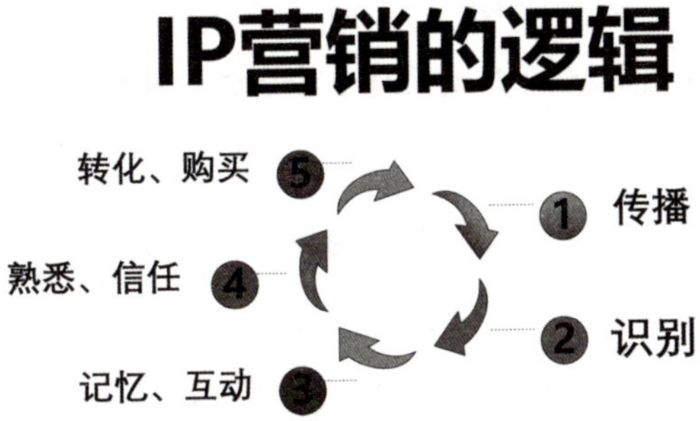

IP 营销的逻辑是获取信任用户的逻辑，而不是流量思维下“收割用户”的逻辑。所以 IP 营销既不看重阅读量/粉丝量，也不看重文案，更不欣赏标题党。文案和标题党只是锦上添花。

2. 为什么要关注你?

你的内容能不能告诉用户你是谁，你是做什么的，你代表什么。

你持续传播的内容能不能给用户带来价值，从而赢得用户的信任。

3. 做好内容营销的三大核心关键

(1) 你是谁?（互联网上的标签）

(2) 你是做什么的?（聚焦一个细分行业）

(3) 为什么要相信你?（持续的内容构建行业势能）

高效率的内容营销始终都围绕以上三点，不断地强化它，持续地捍卫它，让越来越多的人知道你、熟悉你、信任你。

企业做内容营销的核心目的是用产品/品牌连接用户，再筛选用户。

企业之所以做内容营销，就是想通过有价值的内容去连接其潜在顾客。

当把内容当作企业的**第一个产品**去理解，就摸对路了。很多企业做内容营销的误区就很盲目，没有规划，只盯着阅读量、粉丝量，内容杂乱无章。很多企业把自媒体人广告变现的那套逻辑当作内容营销的标准了。

从泛流量到信任流量还需要很长的一段路要走。1 000 个人喜欢你的内容，其中会主动关注你的可能就只有 1 个。做过引流和转化的人就知道这个转化率有多低了。

愿意主动添加你的人，就是信任的流量。在市场营销里，你找别人和别人主动来找你，是两件事。人，永远最在意那些他自己付出过成本的东西。一个粉丝要主动添加你，一定是不止一次看了你的内容，被你的内容打动，想要进一步了解你，然后通过评论或者私信询问你的私人微信号。如果他不认为你的内容好，不想进一步了解你，是不会费那么大的功夫添加你的微信的。

对于普通人来说，个人微信朋友圈是私人场所，不欢迎外人或不熟悉的人看到，所以他们轻易不会添加别人，也不愿意陌生人添加自己；而对于从事销售、营销类工作的人，他们的微信朋友圈是开放的，他们希望人越多越好。

在一个细分行业，如果你能获取 10 万个这样的信任流量，你就能拥有传统意义上 1 亿个粉丝的势能，就足以影响任何一个细分行业。退一步说，如果哪个小一点的公司能获取 1 000 个信任流量，就一定会活下来；如果能获得 10 000 个信任流量，就能活得很滋润。

硅谷创业教父保罗·格雷厄姆说："对于一个新产品来说，100 个铁粉比 10 000个觉得你还可以的用户要好很多。"樊登在创办樊登读书会时，最大的信心就来源于 1 000 个铁粉原理："只要有 1 000 个铁杆粉丝的支持，互联网项目就一定能活下去。"小米手机成功的起点也是 100 个 MIUI 的深度用户。

在移动互联网时代，产品运营和营销的逻辑已经发生了根本性的改变：从"经营产品"到"经营用户"，从"得渠道者得天下"，转变为"得粉丝者得天下"。

虚拟 > 现实的时代，在虚拟空间里如何建立信任

我们都知道营销的根本是和用户建立信任关系。那么，虚拟网络空间里的信任怎么构建？

信任的来源

以使用最广泛的微信为例。

1. 信任来源于真实

你的微信名字、头像、地区、个性签名等是不是真实可信的？

2. 信任来源于专业

你的朋友圈所发的内容是不是专业、有料、有价值的。如果杂乱无章，那就让人没有办法知道你究竟是干什么的。

3. 信任来源于持续做一件事

你做的事情三天两头就换了，这个月卖面膜，下个月卖水果，谁敢信任你呢？

4. 信任来源于真诚

真诚地与好友互动、沟通，不要夸夸其谈，不要华而不实，你的每一点用心，好友一定能感知到的。

5. 信任来源于能量更强的人/物的背书

大 V 替你背书肯定好使；你和马云等大佬的合影很有说服力；你在社交媒体上的内容无处不在，也能说明问题……

6. 信任来源于一个人强烈的自信

你的任何一份努力的付出与钻研，都会让自己在某个领域里变得自信起来，这种自信无形中就能传递给你的用户。

以上几个方面还可以再精炼一些，总结为两句话：（1）熟悉产生信

任！（2）信任产生于“专家感”。

【熟悉产生信任】我们见到陌生人或者来到一个陌生的地方，就会有恐惧感，会警惕起来，会有天然的不信任，原因就是因为“陌生”。我们去医院看病时总想找“熟人”，买东西不放心时会首选自己熟悉的品牌或者找熟人问一问。

产生信任的基础就是熟悉，不论是否见面，也不论通过什么方式了解和熟悉。

比如电视/电梯广告，重复的潜意识广告是怎样让人们喜欢并购买产品的？

你可能并不喜欢看广告，只是无意间看到了，但是只要这个广告重复得足够多，让你看得足够多，我们的大脑就会记住它。这种熟悉感会让人们对产品产生积极的反应。下次在需要购买的时候，人们就会首选熟悉的品牌，即使它不一定是最好的，但它一定是你最信任的。

【信任产生于“专家感”】人们信任专家一方面是因为专家比较权威、可信度高，另外一方面是因为专家可以降低用户的“搜索成本”。当用户在网上搜索一个问题时，可能会搜到 10 000 个答案，但你相信哪个呢？答案是“专家的那个”。

怎样增加个人信度和专家感

1. 信息内容的识别

我们输出的内容要聚焦于某个细分行业/垂直领域，这叫“专”。输出的内容不聚焦、杂乱无章则不会产生信度。

2. 360°全方位、立体式输出内容

输出的内容不仅要聚焦，而且要成体系，还能从各个角度给用户带来

全方位的信息，满足用户不同的需求。立体式指的是内容形式多样（文字/图片/图文/音频/短视频等）、分发渠道多样（横向/纵向/织网），覆盖多个社交媒体平台，覆盖更多的人群。

3. 纯粹接触效应在起作用

人们看到某样东西的次数越多，对其熟悉的程度就越高，信任便产生于此。

第 9 节 如何让用户主动来找你

我们今天做营销，用尽了各种方式到处去获取流量，各种“引流”“吸粉”“加粉”“爆粉”的方法，这些并不十分靠谱。不靠谱的原因就是，这么做只能带来泛流量，而不是精准的流量。

主动来找你的就是精准流量

精准流量，一定不求数量有多少，而是求精准。只有精准，转化率才高。大家试想一下：我们主动找用户，或者用户主动找我们，哪种更精准？当然是用户主动来找我们更精准。

如何获得精准的流量，**就变成了如何让用户主动来找我们。**

用户来找我们的前提是什么？

用户需要先知道我们是谁，是做什么的，或者代表什么，做得怎么样，是否专业，然后才有可能会主动来找我们。

这就是我们今天在各种社交媒体平台（微信朋友圈、公众号、头条号、网易号、搜狐号、微博、喜马拉雅、抖音等）上做传播、做内容营销的核心——获取关注、赢得认同。

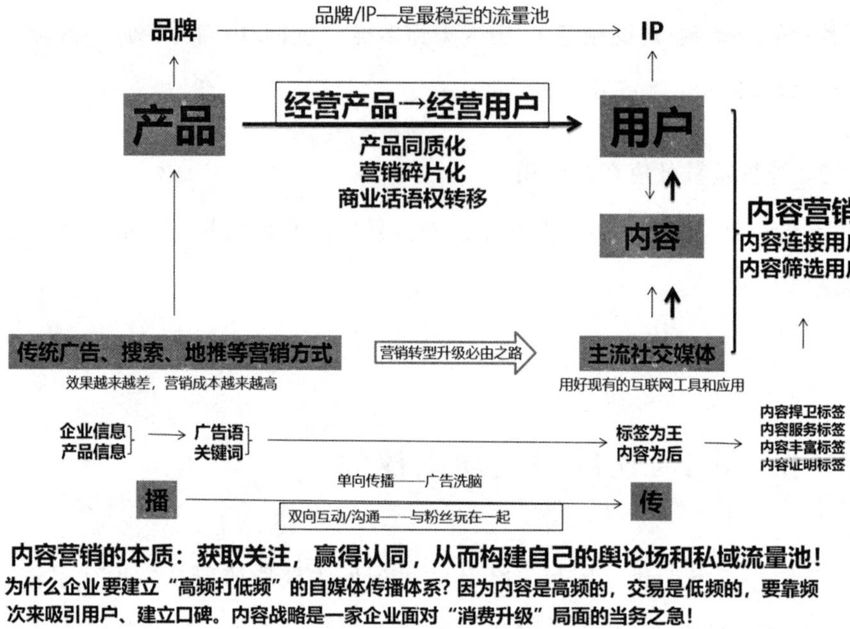

用户知道你是谁，是做什么的，才会基于自己的需求产生关注你的兴趣。你做得很专业，给人传递的体验/感觉很好，用户才会慢慢记住你、熟悉你、认同你、信任你，然后才会购买。

“传播—识别—记忆—互动—熟悉—信任—转化—购买”是我提炼出来的 IP 营销的逻辑图。

做内容营销的内容一定不是什么内容都可以。

做内容营销的内容一定不是什么火就发什么。

做内容营销的内容一定是把自己的行业、品牌、产品、服务等方方面面的信息变成内容装进用户的手机里。

知道怎么做内容以后，我们又会发现，在这个内容泛滥的时代，再好的内容分发出去，也会分分钟被淹没在内容的海洋里。

如何提高传播效率和放大内容营销的效果？

这就是内容营销方法论中最高级的部分了。我从传播学中找到了这个答案。

放大传播效率的秘诀就是——“标签为王，内容为后”。内容为王只是强调内容的重要性，却不能够提升内容传播的效率。

人们记不住内容，人们只能记住内容留下来的感觉。这个感觉就是**“标签”**。标签就是用来告诉用户你是谁，你是做什么的，你代表什么，而丰富的内容只是在捍卫标签/证明标签、重复标签。

具体怎么做呢？

1. 内容聚焦

聚焦在自己的细分领域，不要太宽泛。

2. 内容优质

内容要有价值，能解决用户的疑惑。

优质的内容才能有效地连接用户。

3. 标签为王，内容为后

不需要拼文案，不需要登峰造极的文采，要输出真情实感的内容，且内容中要包含 IP 记忆点。

人们根本记不住太多的内容，再好的内容也记不住，再好的内容分发出去也会被淹没在信息的海洋里。所以要做IP记忆点，重复去传播IP记忆点。人们记住IP记忆点比记住长篇大论的内容容易100倍，记住了IP记忆点，就能记住我们是谁，我们是做什么的，我们代表什么，然后才是熟悉—信任—购买！

用户（受众）会一路追踪这些包含IP记忆点的内容，直到找到**内容的提供者/传播主体**，然后**主动**要求和传播主体连接，**主动加你的个人微信。**

第10节 产品是1，流量是在后面添0——这就是企业的转型升级之道

企业的衰退，本质上是流量的衰退；企业的增长，本质上是流量的增长。

品牌自带流量。

产品自带流量。

内容自带流量。

好产品能带来流量，好内容能带来流量，企业打造品牌/IP能够带来流量。未来的流量增长就来自于这三方面。

今天，如果你不能把产品、品牌变成内容，装进用户的手机里，你的生意就注定要失败！**今天的营销越来越等于传播！**这是我们今天要做好营销非常重要的一条原则，企业过去的营销部和销售部在今天变得效率越来越低下了。不是他们的能力下降了，而是从整个大的营销环境来看，营销

越来越难了，用户越来越分散，获客的成本也越来越高。

我觉得企业在营销方面的转型，首先就要把过去的营销部和销售部砍掉一半甚至一大半，成立传播中心或者内容中心，把人力、物力、财力转移一部分到新的部门中。

过去很多企业，尤其是传统企业没有做好内容营销，是因为重视程度不够，投入不够。所以要做好内容营销首先要提高认识，解决财力、物力、人力的投入问题，再学一些内容营销的方法，接着持续去做才会获得源源不断的流量。

企业做内容营销的目的不是为了提高粉丝量、阅读量，而是为了获得销售线索，用内容筛选出用户，获取用户的关注并赢得用户的认同。

消费者越来越对广告免疫。随着个人获得话语权和自媒体的崛起，我们可以看到传统渠道的价值在变弱，内容的价值从未在传播中显得如此重要。

在传统媒体时代，做营销的公式是：企业品牌 = 内容 × 渠道^2。而现在，如果想做品牌，很多时候则需要我们放弃渠道，专注内容，做营销的公式是：企业品牌 = 内容^2 × 渠道。

所以我们要重视品牌、产品和内容。在新媒体时代，在社会化营销时代，在移动互联网时代，这三点特别重要。传统营销之所以失灵，就是因为以“产品”“卖货”为核心的营销体系在今天不适用了，不适用的原因是过去的营销方法找不到“用户”了，或者找用户的成本太高了，扛不住了。

新的营销是以经营用户为核心，所以，我们就要想想用户在哪里，去哪里去找他们，怎么连接他们，连接完以后，怎么经营用户。

当企业处于资源相对有限的状况时，企业应该做最容易做且最容易做好的事情，将有限的资源集中投放于自己最能够形成市场优势的点上，凭借具有优势的进攻点在市场中谋得一席之地。当企业进入一个资源相对宽松的阶段时，再来考虑其他模式和发展方向。做企业就是做好这几件事：做出好产品，为好产品找到消费者，然后把产品卖给消费者。企业要解决的，其实就是产品和流量问题。

抓产品

匠心做产品＋产品媒体化，就是要求产品要有高颜值、高品质，还要有高性价比和使用上的便利性。产品做到与众不同，就可以避免同质化！用匠心做产品，再在细节上多注意一点，服务好一点，包装好一点，性价比好一点，宣传上好一点，产品媒体化一点等都可以是与众不同之处。

1. 好的产品成就用户

真正好的产品是能帮助用户、成就用户的。好产品能让用户变得更优秀，能给用户带来帮助。比如，照相机的卖点是什么？不是照相机的像素高低，而是让用户变成厉害的摄影师。

好产品的 10 个原则：

（1）好的产品富有创意。

（2）好的产品是有用的。

（3）好的产品是美的。

（4）好的产品是容易使用的。

（5）好的产品是很含蓄不招摇的。

（6）好的产品是诚实的。

（7）好的产品经久不衰，不会随着时间而过时。

（8）好的产品不会放过任何细节。

（9）好的产品是环保的，不浪费任何资源。

（10）好的产品会尽可能少地体现它的设计。

我的好朋友——乔治巴顿轻奢白酒创始人杨叶护先生说：**“文案不是我的卖点，产品才是！”**这不代表他不重视数字化营销，而是说明他推崇“产品主义”，回归到了商业的本质，以极致的产品体验作为引爆点，驱动品牌、驱动用户运营，把乔治巴顿打造成一个小而美的新锐品牌。

小而美是未来产品的主要形式，小而美再进一步就是个性化。我们很多时候卖不好自己的产品，可能是因为我们的产品功能过于大而全了，如果我们把产品 90% 的功能去掉，只留下 10%，只聚焦在那个点上，可能产品就会好卖。

不管是做产品，还是做传播、做内容营销，最重要的一点是如何做得与众不同。

产品做得好只是前提，描述产品的功能有多么好只是营销的基本功，这些并不会产生太强的营销力。好的产品有两大属性：一是匠心匠品；二是产品媒体化。产品要会说话，会说话的产品自然与众不同，会说话的产品会消灭不会说话的产品。

【案例】雪糕届的网红——钟薛高雪糕。

一根雪糕可以卖到 16 元钱，还要排队才能买到。

据说这个品牌的雪糕上线仅一年就累计销售600万根，天猫月销10W+(平均16元1根)。这种有颜值、有风格、有创新的“升级产品”正在缓慢地蔓延向大众，正在新兴的销售渠道疯狂生长。

这些升级型产品的特点如下：

(1) 创意型设计+包装，整体的颜值比较高。

(2) 从产品本身去进行改造（即微创新)，比如老树北抹茶雪糕的两个创意点如下：

①纯植物成分，低脂肪，吃不胖。

②雪糕的样子好看，外观创新。

(3) 价格比同类竞品高20%，贵有贵的道理。

(4) 品牌具有新概念。

钟薛高雪糕不仅反复强调自己是“有味道的”“需要慢慢品的”雪糕，而且还把这些特点融入很多系列中（比如“一个都不能少系列”“少女心系列”“大都会系列”“懂你系列”“清轻牛乳系列”“温暖系列”……)，每个系列里又开发了几种不同的雪糕，每一根雪糕又都有不同的故事，钟薛高之所以这么做，就是想和消费者建立沟通，将产品媒体化。

(5) 满足了现在的年轻人对产品的升级需求。比如，相对于价格消费者更加关心食品的健康，在关注实用性的前提下也会关注产品的颜值。

2. 产品媒体化：会说话的产品会打败不会说话的产品

产品方面，最基本的性能、功能、体验要好，但还要注意产品的媒体化，产品要能与顾客沟通。

今天会说话的产品正在消灭不会说话的产品。产品媒体化就是要产品具有传播属性，产品能和用户沟通。在产品的自我传播上下点功夫，无论是包装还是功能，让产品离用户需求更近一步，这样的产品一下子就能从同类产品中脱颖而出、与众不同。

未来产品媒体化会越来越流行。产品不再是过去说明书式的布道者，而是主持人，它懂得用用户的语言，替用户说出用户心里想说的话。

产品媒体化的背后是用户思维，要让产品和用户沟通，而不只是长篇大论、王婆卖瓜式的各种功能介绍。匠心匠品 + 产品媒体化 + 用户思维 + 会说话的产品，是产品研发的终极目标。

3. 做用户代言人而不是品牌代言人

在工业化时代，广告宣传经常讲的是**“品牌代言人”**。在互联网时代，这几年频频提起的用户思维，则告诉我们要做**“用户代言人”**。之所以有这种转变，其根本原因是商业话语权的转移——从厂商转移到了用户。用户掌握了商业的话语权，因为用户是具有媒体属性的人。“人”才是最大、最厉害的媒体。

“不做默默无闻的老板，要做自己企业的代言人。”这些年我们看到很多企业不请明星代言了，企业主亲自去做广告代言人，比如雷军、董明珠等。他们既是为企业代言，更是为用户代言。

互联网的下半场是粉丝经济驱动的新时代。数据显示，2019 年上半年小米电视出货量突破 400 万台，排名中国第一。这个消息折射出今天中国的品牌和供应链驱动越来越靠近用户端。现如今，电视以及家电行业之所以增长放缓，不是因为传统企业的技术不行，不是因为它们的生产供应链没有竞争实力，不是因为它们的营销不行，而是因为它们没有用心的“和用户交朋友”。

【案例】江小白和乔治巴顿轻奢白酒

江小白的文案瓶是大家熟知的案例，也是被营销界炒得很热的案例。它是给年轻人喝的一款“青春小酒”，所以它的文案都是说给年轻人听的家长里短、苦闷牢骚，还会发动年轻人一起创作文案。江小白的文案瓶营销做得确实很好。

乔治巴顿轻奢白酒创始人、江小白前营销总监杨叶护先生在2013年担任江小白营销总监，2018年从江小白出来后自己做了乔治巴顿轻奢白酒。短短7个月从零做到了年营收6 000万元，10万多家终端，队伍扩张到300多人，完成17个省的战略市场布局，预计2019年业绩将突破2亿元。

乔治巴顿的品牌故事

为什么叫“乔治巴顿”呢？乔治巴顿轻奢白酒基于“简单、快乐、奋斗”的企业价值观，融合两大IP形象而得名——风靡全球的《小猪佩奇》

中的“简单”“快乐”的小乔治和第二次世界大战中骁勇善战的著名军事统帅巴顿将军（奋斗的精神化身）！乔治巴顿称其为创业者而生，是在打造一个有温度的超级符号！

乔治巴顿的品牌定位

江小白定位于青春小酒，为20～28岁新生代而生，乔治巴顿是为新中产阶级量身打造的一款轻奢时尚白酒，聚焦于“28～40岁”这一群都市新中产阶级。

在杨叶护看来，新中产人群的身上，贴着十分鲜明的消费标签。他们不讲排场，喜欢轻松的社交空间，追求更高品质的同时又希望品牌能彰显出轻奢生活调性。含酒精度的情绪饮料只是他们在消费场景的助兴剂，而不是必需品。对他们来说，传统白酒太过庄重，而青春小酒则调性不足。

乔治巴顿正是以此为契机，期望用“高颜值，高品质，高性价比，轻奢时尚调性”的“三高一轻”产品战略来撬动他们的神经，让“乔治巴顿”成为他们的情绪饮料、社交货币、圈层消费标签。乔治巴顿创始人杨叶护说：“好产品即超级自媒体。产品要自带媒体传播属性，要成为一款会说话的产品。”

乔治巴顿的营销模式

线上做传播，线下耕终端，社群做引爆，口碑做销量。

乔治巴顿借助圈层KOL（媒体人、新媒体玩家、音乐玩家、创业者、城镇青年、网红达人等）的影响力，再加上乔治巴顿的公众号矩阵流量，一次次打造全网刷屏营销事件。

乔治巴顿用产品主义+社群营销+数字化营销+深度分销，满足用户的物质需求和精神共鸣。杨叶护表示：“营销只是我们的基点，我们的术与法，产品主义才是我们长期运营的王道。回归产品主义、回归商业本质，以极致的产品来引爆，来驱动品牌、驱动用户运营。”

做好内容营销，获取精准流量

转型——哪里人多向哪里转；人在哪里，生意在哪里。获取流量就是要到人多的地方，找到一种相对便宜的精准流量获取方式。这个地方就是**“人网”**，即主流社交媒体平台。要在“人网”上**“布下内容之网”**，去**连接用户、筛选用户**，获取**精准流量**，再用心**经营用户**。（天网——百度搜索、门户网站、电视媒体投放等网络；电网——以淘宝、京东、拼多多为代表的电商网络；地网——传统的实体店铺等线下渠道网络；人网——社交媒体上人聚集的网络）

我们做销售的人都知道一个公式：销售额 = 流量 × 转化率 × 客单价。

在转化率和客单价恒定的情况下，决定最终销售额的是流量数值的大小。因此，把流量当作生意的最高战略目标，无疑是最正确的选择。做好内容营销，就能获得源源不断的精准流量。

有获取源源不断的精准流量的能力就能轻松逃离竞争；用匠心打磨匠品，就能让自己的产品在行业中与众不同，拥有核心竞争力。当下，企业转型升级的困局有两个方面：一是如何把产品做好，二是如何抓流量。产品是 1，流量是在后面添 0。其他所有的运营无非都是提高这两个方面的效率。

当下，做好一个企业需要从以下四个方面发力：

把产品做精：匠心做产品、产品媒体化；

把服务做深：用户思维，全心全意为用户服务，连接年轻用户；

把内容做宽：建立社交媒体矩阵，实现内容全网覆盖；

把传播做透：今天的营销越来越等于传播，你过去有多么重视营销，今天就应该有多么重视传播。

CHAPTER THREE

第3章

经营用户——如何做好私域流量运营

前文讲到了私域流量的概念、来源、本质、过去、现在、未来，以及如何从公域流量池里通过做好**“内容营销”**，布下**“内容之网”**，修建**“流量之渠”**，获取源源不断的精准流量。说到底，就讲了两个问题——**连接用户和筛选用户**。我们做的所有工作，都是为了将流量转化为销售订单。

彼得·德鲁克说，一个组织之所以存在，不论其提供的是商品还是服务，其最终目的是为了顾客、为了服务对象。**在个人微信里，“经营用户”的最终目的也是要进入客户的朋友圈，能占领客户的朋友圈才有未来。**如何更好、更有效率地经营用户，就需要做好微信（朋友圈）营销，要不然好不容易把“客人”请到家里，就因为没有“招待好”，客人又走了，最终还是竹篮打水一场空。

从我实际的观察来看，微信（朋友圈）营销做得好的少之又少，可能不足20%。这就等于潜在用户都主动上门了，然而你却没有做好接待工作，不欢迎人家，朋友圈做的内容不吸引人，或者只发硬广，从而导致用户流失。

比如，微信个人号里最基本的装修（昵称、头像、地区、个性签名等）都没做好，假名字、假头像，朋友圈设置为三天可见，这就等于你开了一场招商会，客户都来到现场了，然而你却关闭大门不让进。

一个微信好友，不管是新添加的还是加了很久的，当他看你的微信的前30秒，如果不能判断你是谁，你是做什么的，你代表什么，那么，你的微信（朋友圈）营销基本就是失败的。实际上我们自己也是这样看别人的。我们在通过别人验证的时候，也会看看别人的微信基本信息，通过验证以后顺手还会翻一翻他的朋友圈。如果发现朋友圈里面乱七八糟的信息或者看不到朋友圈，我们甚至紧接着还会把他删掉。

现在微信已经有11亿用户了，理论上我们所有的用户都在微信里，所以，做好微信营销刻不容缓。随着微信生态的进化和净化，越往后越不容易做好，有些方法今天去用一定比明天更容易。有位CEO讲了一句话："回头看，微信全都是红利；向前看，又全都是坑。"可是我们怎么才能避坑呢？

下面我将分门别类、一个细节一个细节地谈怎么做好微信（朋友圈）营销。做好了它，就是做好了"经营用户"这项工作。

第1节　微信个人号的基本装修

在微信的基本装修里有如下基本信息：昵称、头像、个性签名、地区、微信ID、朋友圈封面图、标签分组和添加后的自我介绍等。

昵称——互联网中的个人商标

昵称就是为了尽可能清楚地告诉别人**你是谁，你是做什么的，你代表什么。**

要求：品牌一致，重复刺激，字数要短，拼写简单，便于搜索，提供工作标签，对号入座，长期不变，永久记忆，忘掉技巧，拿出真诚。名字前别加A，最好实名，或者实名+后缀（企业、行业关键词/职业/擅长的领域）。

实名包括两种：一种就是我们的大名/真名；另一种是已经被熟知的艺名/网名，比如万能的大熊、同道大叔、六神磊磊、papi 酱、沙小皮、长铗、大空翼、宝二爷等。

后缀可以是××公司，可以是××职务，也可以是核心的擅长点等。比如：祝福丨IP营销方法论开创者。祝福是真名，因为这两个字特殊，所以很多人以为是假名字，我也为这个名字苦恼。像这种有其他含义的名字/专有名词类的名字，是最难传播和记忆的，必须要加一个后缀。

我们来看一些可能非常眼熟的微信昵称吧。

闲云野鹤类昵称：

闲云野鹤	云淡风轻	知足常乐	致青春不悔
淡忘过去	岁月如歌	一叶知秋	光阴的故事
观涛听海	大道至简	坐看云起时	

不知何意类昵称：

随风	骑狗打天下
沐小	可爱的拉面
嫣泽	only系有嘀づ萌
兮颜ぷ	打不死的莫浪飞
小鸟青天	人生无限公司#
幻梦邪魂	呵呵呵呵呵呵呵呵呵呵

自我介绍类昵称：

帅帅大人　娘娘驾到　盖帮峤峰　是颖儿吖　小草爷爷

数字字母类昵称：

UP	007	Sphinx	dododo	BEN 优优
ALE	13 香	H 南南	fan-ccyy	Jaronfan
92K	Bestz	m 萌 m		

单字做昵称： d、.、强、萍、芮、焱、三、棣。

动植物型的昵称： 茉兰、玄鱼、向日葵、陌上花、猫头鹰、荆棘鸟、北极熊、呼噜噜～～～、兔子会发光。

山山水水型的昵称： 陌路花开、风的季节、一江一河、走遍天涯、花雨满天、那抹烟波蓝。

再看一些做得比较规范的昵称：

导演马
歌手刘
××丨目标管理导师
××@今目标副总裁
××丨私人宠物医生
××丨砀山水果供应商
××丨礼仪素养培训师
×××丨资深减肥教练
×××丨资深音乐疗愈师
×××丨专注朋友圈成交
×××丨母婴垂直移动医疗
×××丨 IP 盈利模式开创者
××丨 ××科技联合创始人
××丨喜马拉雅 FM 新媒体总监
××丨 IBCLC 国际认证哺乳顾问
×××丨 ××堂小儿推拿创始人
×××丨投资人、×××学院创始人
×××丨皮肤护理专家

下面是一些经过不同程度修改的案例，我们前后对比一下：

注：为遵守用户隐私，统一使用“祝福”代表用户原有的实名，“——”前为修改之前的昵称，“——”之后是修改之后的昵称。

尘玄子——祝福

喵～～——祝福玉石工作室

西西李——祝福丨××财经

凉风——祝福丨××集团技术研发

祝福——祝福丨××学堂在线教育负责人

吃惊——祝福丨××支付营销总监

祝福——祝福丨问题肌肤终结者

见龙在田——祝福丨××控股 CEO

中国红——祝福丨××营销学会会长

横刀立马——祝福丨××学院院长

文刀——祝福丨北京××声学研究所

祝福老师——祝福老师丨护肤品搭配专家

祝红园——祝福丨祝红园生态农业董事长

在深圳放牛——祝福丨《私域流量》作者

【布置作业】：根据以上提示，看看你的微信昵称有没有可以优化的空间，并写下来。

头像——社交网络中的第一印象

要求：辨识度高，清晰自然，真实可靠，安全信任，贴近职业，风格匹配，突出特点，有话题性。

微信个人号的主角是人，一般来说用真人头像，以半身生活照为主，微侧脸，显示清晰的面部就可以了，展现亲切的笑容会是一个加分项。为了达到更好的清晰度，可以找专门的商业摄影机构拍摄一套。用公司 Logo 也是可以的，但最好还是真人形象，机构毕竟给人的感觉是冷冰冰的。

来看一些案例：

别问我为什么换头像？不觉得很霸气吗！

——这个……真没觉得！

这名字、头像、朋友圈内容、封面图、设置三天可见……

能让别人知道你是谁，你是做什么的，你代表/擅长什么吗？

恭喜了！**微信朋友圈营销中，能犯的错误一个都没落下！**

我在知识星球里发了一段这样的话："你的微信名字、头像、介绍，你的朋友圈发的动态内容，能不能告诉别人你是谁，你是做什么的，你做得有多专业，你代表什么，为什么你可以代表它是很重要的。我们翻翻自己的朋友圈和通讯录就可以发现，八九成的人在这些方面都没有做及格。"

【布置作业】：根据以上提示，看看你的微信头像有没有可以优化的空间，需不需要换一张。

微信号——微信生态中的ID

要求：好记、好识别、好输入、好搜索、好添加，最好是全拼音或者拼音+数字。

设置微信ID最少6位数，也不要搞得太长了。如：zhufu1188、zhang99、CCTV01就可以，如果是g37826209、gwpwjakon就不好记了。

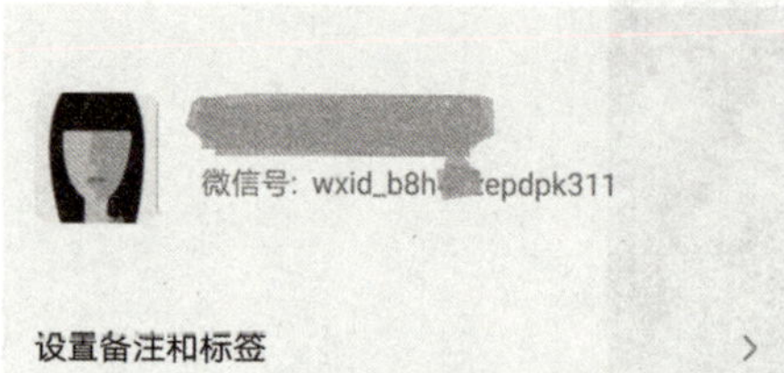

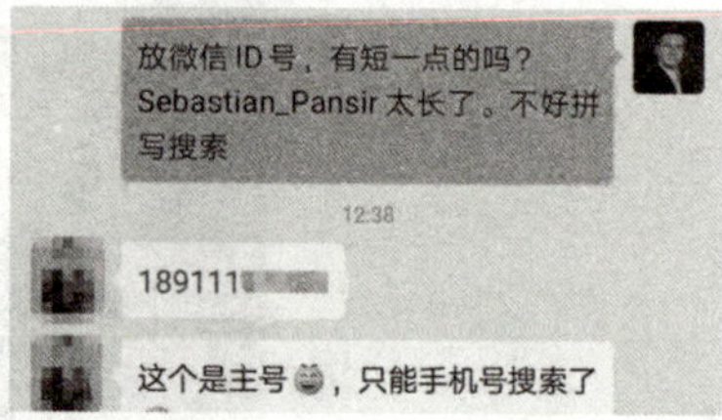

【布置作业】：根据以上的提示，看看你的微信ID有没有可以优化的空间，写下来（最少6位，不要太长，以字母开头）。

个性签名——我为自己代言，写好个人的介绍/擅长/服务内容

个性签名要展示自己的个性特点、擅长和专业等，最多30字，忌空洞，忌发硬广。个性签名在添加别人为好友时会被突出显示出来，一定要好好填写。

下面是一些示例

祝福丨目标管理导师——让天下没有拖延的人

祝福丨皮肤护理专家——美丽是女人一生的事业

祝福丨资深减肥教练——为每一个家庭培养一名健康管理师

祝福老师——专注行业+互联网研究，用普惠教育推动中国进步

祝福老师——用互联网思维驱动中国物流业、中国农业的产业链革新

祝福老师——《农产品营销实战第一书》及《特色农产品产业经营》作者

朋友圈成交丨祝福——畅销书《私域流量》作者，和我一起5周学会朋友圈成交

【布置作业】：根据以上提示，看看你的微信个性签名有没有可以优化的空间，写下来。

地区——远在天边还是近在眼前

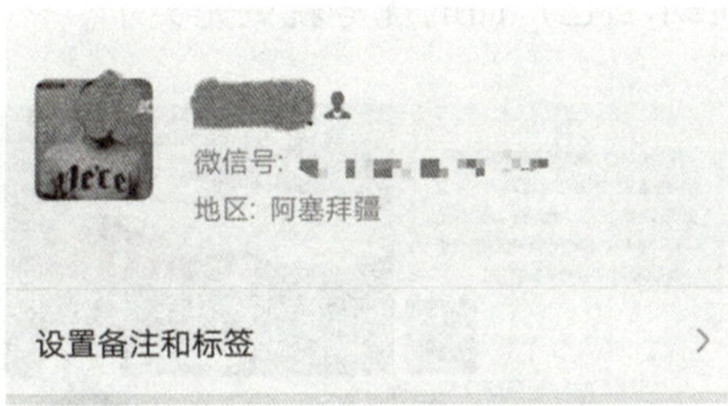

要求：实事求是最好，在哪儿就写哪儿，不然给人不踏实的感觉。很多人喜欢写安道尔、泽西岛、老挝、冰岛、关岛、梵蒂冈、德国·科隆、巴巴多斯岛、卡塔尔、马尔代夫、安哥拉·本格拉、以色列……做代购产品的除外（证明产品来源地）。

【布置作业】：根据以上提示，看看你的微信地区设置有没有可以优化的空间，改个真实的地区吧！

朋友圈封面图——个人最容易忽视的广告位

要充分利用好朋友圈封面图的“广告属性”，能够让你在第一时间抓住陌生人的心，建立信任、促进销售。如果任由这块广告位空在那儿，或是随意使用，使之无法发挥广告作用，那就白白浪费了展示机会。

我们来看几个案例：

使用这些图片，既不能让人知道你是做什么的，也不能证明你的产品好不好，无法形成美好的深刻记忆。

这一种类型是最普遍的，大概能占到朋友圈封面图的80%以上。

下面这些朋友圈封面图会好一点，再加上个性签名和昵称，我们能一下子知道他们是做什么的了。只是如果再好一点，再明确一点，能进一步展示自己产品的优势就更完美了。

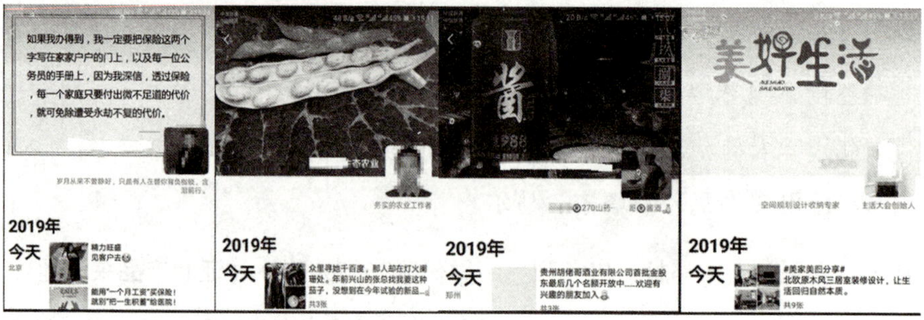

好友标签分组——沟通高效又精准

回想一下我们日常使用微信时，是不是会遇到以下几种情况：

微信中的一些客户、亲戚、朋友、同学、战友等，需要重点维护；我们发的朋友圈总会有一些内容只想给一部分人或者不给某些人看；如果遇到重要的事，需要给某一个圈子、同事、同学等群发通知时，总是担心遗漏。

由此可见，我们必须给微信好友打标签、做分组。

那么，该如何打标签、做分组呢？

有以下几种方法作为参考，个人也可以根据自己的喜好做分组，只要能记住所代表的含义就行。

1. 备注分组法

给同一个组别的好友加上同一个前缀，自然就形成一个组了。

2. 标签分组法

通过设置标签，可以将微信好友放在同一个标签里进行管理，点开不同标签就可以看到不同标签下的全部好友。

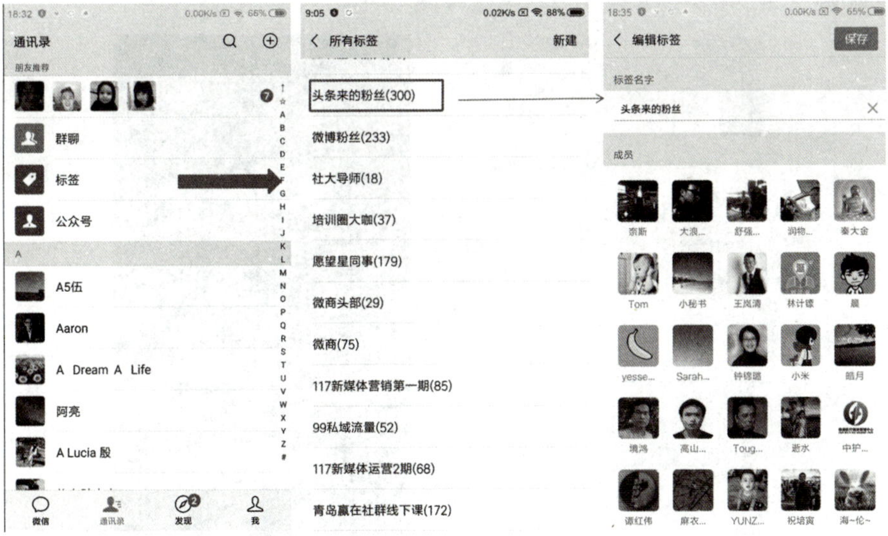

3. 聊天置顶/强提醒法

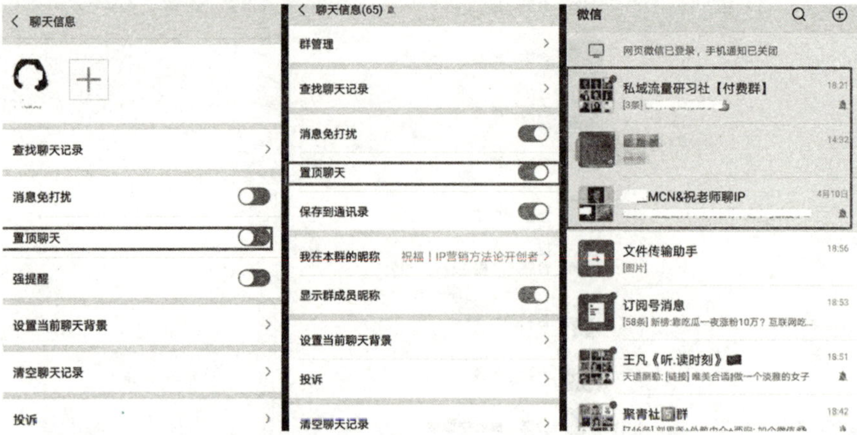

特别重要的客户、领导、家人等，可以设置为“置顶聊天”。

在最新版本的微信中还可以设置“强提醒”，“强提醒”相当于闹钟的功能，被设置为强提醒的用户发来的信息将会全屏显示，提醒你去看。

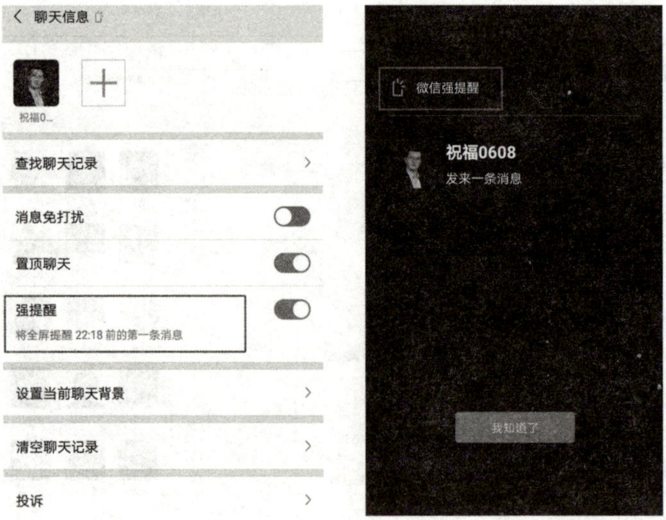

4. 重点好友加星标

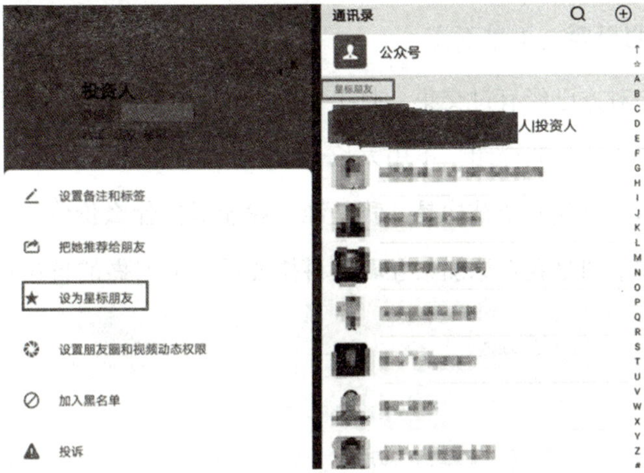

可以将高频联系人设为星标好友，显示在通信录最前面，便于快速找到。

第 2 节　在微信里沟通互动要得体

自我介绍——把握好黄金三分钟

添加别人为好友，通过验证以后，一定要及时地做自我介绍。在刚刚通过的那一刻，最容易和人结识，是相互认识的最佳时间段，这个时间段只有短短的三分钟。

不仅仅添加别人时要做自我介绍，被添加时也要及时地做自我介绍，最好要求别人将你的介绍信息保存在“信息备注”里。

做好信息备注，就是做好了人脉管理。在对方发来个人介绍信息以后，也要及时地做好备注。

在这黄金的三分钟里，如何做好自我介绍

1. 简明扼要，不卑不亢

如果与对方已经有过交集，打个招呼即可；如果完全是陌生的，则需要有一个得体的自我介绍，不用太长，100 字左右，阐明重点就可以了。

最基本的自我介绍结构是：我是谁 + 我能提供什么价值 + 一点礼节性寒暄。比如下图是我在添加某互联网科技公司大 V 时做的自我介绍。

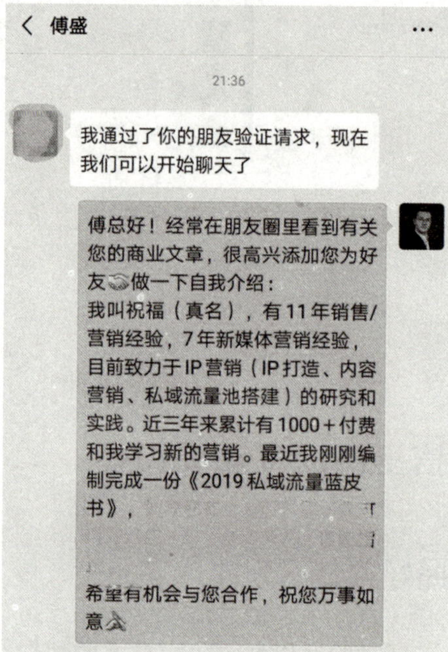

2. 通过朋友圈快速地了解对方

为了使自己的介绍更出彩，更有针对性，可以在通过验证后，快速浏览对方的朋友圈，找到一些交集点作为开场白，这样更有利于双方进入熟悉的状态。这个难度较大，但效果也最好。用心了的和没用心的效果肯定不一样。

3. 储存几条常用的自我介绍话术

可以写几条常用的话术，讲清楚“你是谁？你是做什么的？你能提供什么服务和价值？”。最好准备几种不同的版本，适用于不同的人群，保存在微信收藏里，需要时可以直接转发过去。

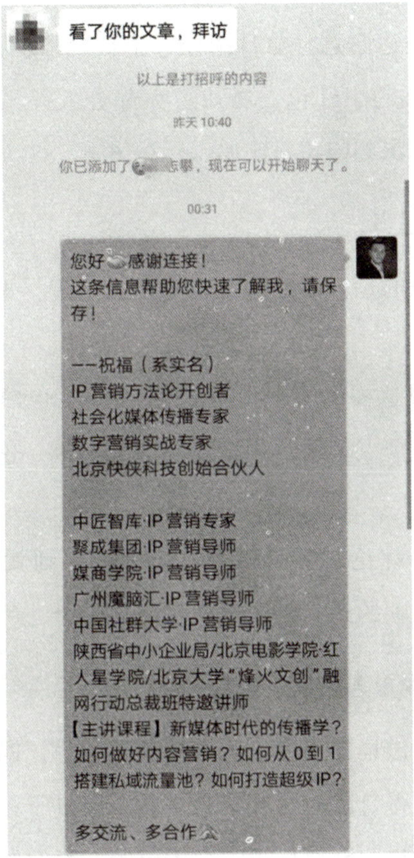

一对一聊天注意事项

1. 更有诚意，不要群发

诚意来源于精准的表达，即使同一个文案，也要略微修改后再单独发送。

2. 不要骚扰别人

不要发垃圾信息、骚扰你的微信好友，这样的行为势必会引起用户的反感、拉黑和举报。

3. 用好红包

日常沟通中，表达谢意、节日问候、生日祝福、咨询请教个小问题，不妨随手发个几元钱的小红包，要知道大部分人并不会这么做，我们做了，就可以给人留下深刻印象，比如：5.2、6.6、88、99 都可以。

4. 评论点赞要适当

这里面需要注意的是，不要什么内容都去点赞，不要秒赞，不要成为点赞狂魔。

我就曾经遇到过这样的人。我朋友圈里发的 90% 的内容他都会点赞，大多数时候还是第一个点赞的，居然连续点了一年。这让我备感压力，于是就把他删除了。

在别人的动态下评论对方的时候，把握的原则就是不要负面评价别人。要说好话、夸人家的话，要么就不评论。

5. 慎用集赞，少求人转发、投票

朋友圈里有一些做集赞发红包、送福利的行为，偶尔做一下不失为一种很好的方法，能使得自己的朋友圈更生动。但过于频繁，营销意图就暴露出来了，就会惹人烦。营销是润物细无声的，我们要学会用生活化的语言和用户进行沟通。

在微信群中做好连接

优质的微信群我觉得要符合以下几个要素：有共同的价值观、共同的利益、有共同要做的一件事、有加入门槛。不具备这三要素的微信群，运

营效果就比较差。

在微信群中要做好个人的连接，输出有价值的信息，和群友们打成一片；社群作为纽带的好处是可以进行一对多的沟通、互动，还可以语音讲课，群体的氛围又会相互影响，进而促进购买转化。

人脉圈里，人们信任和崇拜的是有温度的专家。你的真情实感、你的专业形象才是最大的营销利器。

首先要把自己的专业形象树立起来，要成为这方面的专家，既要有内在的专业，还要有外在的包装。

这其实就是在打造个人 IP 了。打造个人 IP 可以先从 5 000 人的朋友圈做起，然后持续在朋友圈输出有价值的信息，慢慢积累自己的势能。

第 3 节　微信成交注意事项

在微信里成交，靠的不是对好友群发广告信息，不是把硬广塞满朋友圈，这样只会被人投诉和拉黑。不少人做微信私域流量池就是为了纯粹地卖货，视用户为韭菜；而真正的微信私域流量池是视用户为朋友，卖东西只是顺带的结果。私域流量不是收割用户的逻辑，而是长期经营用户的逻辑。经营的核心是用户关系，而且是长线的用户关系。信任是一段关系的开端，服务是维持关系的关键。私域流量的最高境界是用户把你当作专家和好友，把他的一部分需求交给你打理。

在微信里成交，主要是吸引用户主动来咨询，我们再做好沟通服务的工作。能够被吸引来主动咨询的，几乎都是准备要购买的精准用户。用户在看了朋友圈动态以后，有留言或来咨询，就要做好一对一服务。

从成交的角度来看，有 30% 的用户看完朋友圈就自动付费购买了，

70% 的还需要靠微信一对一服务。往往用户看完了朋友圈还犹豫不决，这时就需要你多沟通、多讲解。一次沟通不行，以后找机会再沟通，只要我们的产品、服务、沟通做得好，真正的用户还会再来的。

朋友圈营销文案

做文案需要什么？需要技巧，但仅包含纯技巧的文案则变成了花言巧语。要和用户“长相厮守”的话，就不止需要花言巧语了，需要投入真情实感。所以做文案要做好内容，什么是最好的内容？真情实感就是好内容！

我觉得做文案要在富有真情实感的基础上使用技巧。文案技巧能提升成交的效率。

只是在朋友圈这个场景里面，我们写的文案，要特别注重真实——真情实感，因为微信朋友圈是我们的私域流量池，我们要长期经营用户，而不要追求短暂、一时的成交。

用户在购买之前是会持续观察你的，用户在购买之后更会重点考察你。只靠花言巧语似的纯技巧性文案，是收割用户的逻辑。用户一两天看不穿你，但长久以往肯定能看明白你的套路，然后就会给你贴上一个**“不靠谱”**的标签！

群发售的流程

在真实的群发售中，效果好不好，用户买不买，跟微信群的气氛也有很大关系。一种气氛是，你推荐完产品，群里很冷清，没人讲话；另一种气氛是，你推荐完产品，很多人说已经买过，确实不错，都出来给你站台。

哪一种容易成交？

当然是有助威团的。

助威团成员的来源：除了请老用户来做用户见证外，我们还可以请一些朋友、同事、大咖等来站台。

群发售 6 大步骤（如下图所示）：①前期准备和邀约/拉人；②成功案例包装和现身说法；③造势/火爆氛围；④精心设计/成功演出；⑤优惠成交/只限现场；⑥持续追单。

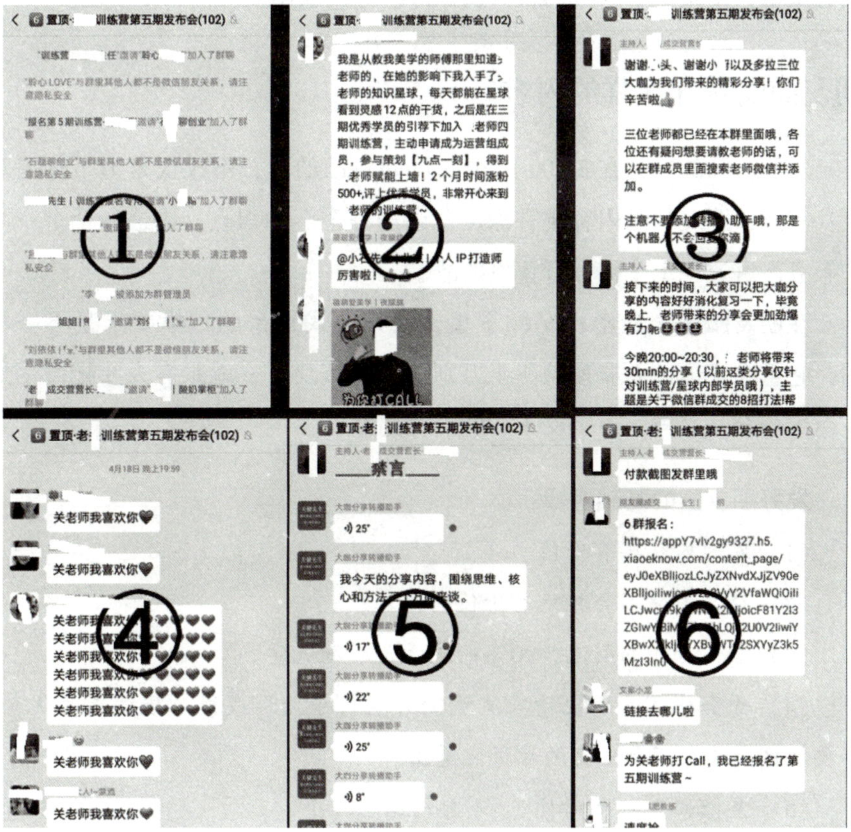

小结：在微信私域流量池里，一个微信客户的 90% 的利润在后端，第一次成交只是客户终身价值的 10% 而已，所以我们要长期经营用户，而不追求短期“成交”。

第 4 节　让朋友圈营销的效率提升 100 倍的方法和技巧

在做好了微信个人号装修以后，剩下的重点工作就是发好朋友圈内容，做好朋友圈营销了。这些年来，根据我的观察有 80% 的人在这两块都没有及格：①微信个人号的装修没做好。②朋友圈发的内容不规范。

朋友圈发送什么样的内容

发朋友圈的目的在 5 000 人中找认同自己的人，不仅仅是为了传播观点！因此，朋友圈的内容要有深度，讲透一个个知识点，讲透一个个产品和服务，讲透一个个细分行业里的故事。

在朋友圈这个私密社交圈子里，跟开放式平台的传播要求是不一样的，它重在穿透，而非覆盖。千万别把逻辑搞反了，就跟有人要把微信好友引到公众号一样，逻辑反了，就南辕北辙了。

发好朋友圈的基础逻辑：

（1）发的内容要有价值。

（2）精准用户不会拒绝有价值的内容。

（3）任何行业的引流，90% 的流量是垃圾流量。

（4）你全神贯注地把精准流量做大就行了，形成绝对质量上的优势，不要把目光放在不会成交的垃圾流量上。

（5）秉持“下一个精神”，不要纠结上一个。

什么样的内容连接什么样的用户

前文我们系统地讲解了“内容营销”，微信（朋友圈）营销是内容营销的一部分，对内容的要求是一样的。我们都在做着某个行业的营销，我们的受众是小众群体。所以朋友圈里的内容就要围绕我们所在的细分行业进行输出，至少百分之八九十的内容要跟行业有关系。不能想起来什么内容就发什么内容，今天发鸡汤，明天发热点，后天发段子，大后天又晒娃什么的。当然，朋友圈的内容也不完全都要求是100%专业化的内容、干货，有10%～20%的生活化内容是可以的，只是不能太随意，要保证内容是正能量的，体现本人生活中积极的一面，让一个人更加有立体感。

很多人发的朋友圈内容只知道一味堆砌卖点或者写一些抽象的文字，例如“热爱我的热爱”“进无止境”等。朋友圈内容要写得朴实无华，让普通人能够一眼就看懂。越是口语化、生活化的表达，越能打动人。发的朋友圈内容要能够把你的人设传达给别人，朋友圈内容发得不够美好，不够高级，你的人设别人就记不住，或者发得很烂，你的人设就崩塌了。只有不断把好的内容传达给大家，你的形象才会不断饱满。

举个小例子：假如你是卖火山荔枝的。

一种文案是：“一骑红尘妃子笑，无人知是荔枝来。”火山荔枝，苏轼赞其：“日啖荔枝三百颗，不辞长作岭南人。”49.9元5斤，给真正懂生活的你。

这样的文案看似很华丽，但是并不能带来转化。口语化表达则像跟一个朋友面对面介绍一样，也可以写成图示的更为生活化的场景。

【购买场景】今天买了一箱海南火山荔枝，

【数量规格】5斤差不多有100颗，

【口感描述】吃了几个都很甜，水分也很充足……

【价格优势】49.9元一箱，叠加新人券……

【信任背书】和硬币、果核一起对比的照片。

再加一句就更容易带来订单："我都开箱验过货了。荔枝每颗都有这么大，果核那么小。我亲口尝过，很甜。"

真情实感就是好内容、好文案！

用户已经看腻了精加工的内容、文案。高中时我的语文老师告诉我的一句话，我依然还记忆犹新："真感情就是好文章。"我们今天做内容，就是要真情实感，不要去拼华丽的文案，好文案可遇不可求。能写出来爆款文案更好，写不出来也无关紧要，说真情实感的话最走心。

越是生活化的文案带入感越强，尤其是吃的东西，描述口感比写品牌介绍更为重要。微信里的销售本来就是"朋友间的买和卖"，所以我们要养成这种"和朋友面对面聊天推荐"的文案撰写习惯。

朋友圈内容要聚焦

如果内容不聚焦，别人就无法识别出你是做哪一个行业的，对你的信任感就建立不起来。你所企图做的销售、营销、转化就完全不可能实现或效果大打折扣。

一个有专业感的人应该能围绕一个细分行业、一个主题，围绕自己的定位和标签持续输出内容。比如你是做企业家教育培训的，就围绕老板关心的话题——管理、营销、产品、品牌、流量等，持续地输出内容。

朋友圈里的内容，一定要 360°、全方位、立体式地来阐述某一个细分行业。内容必须丰富，不能就那几句话反复重复。

如果一个人能够 360°、全方位、立体式地讲好一个细分行业，那么他的朋友圈内容就能体现他的专业性和权威性。

让传播效率提升100倍的技巧

让传播效率提升100倍的技巧如下：

1. 内容要有营养和价值

精准客户不会拒绝有价值的内容，这是传播最基本的前提。

2. 内容简短一点更有效率

首先来看，人们是怎么刷朋友圈的？

我们一天要打开微信刷朋友圈几十次，每次来回刷几下，看看有没有好友留言、点赞或自己感兴趣的内容，然后又放下了。这就是时间的碎片化。今天的传播是碎片化的，营销也是碎片化的。

时间碎片化下的传播要求朋友圈的内容要很精简，不要说“片汤儿话”，每句话都说到点子上，发朋友圈最好不要超过140字（6行），超过6行信息会被折叠，需要再次点击“全文”才能看完。最近微信又调整了规则：鼓励朋友圈内容的原创，复制粘贴过来的文字会被折叠，而直接发表在文字界面上的内容不会被折叠。

据说微信也有限流一说，主要是针对微商群体。重复发布同样的内容和图片，或太长的内容都有可能被限制，很多微信好友会看不到你发的朋友圈。这个消息真假不知，但据我的观察和实践，大概率是真的，微信更鼓励精简的短内容，这里提请注意！

3. 学会用#……#设置话题

#……#设置话题这个习惯来自于微博，微博上有很多话题设置。

把你的内容进行分类，分好类以后，就可以使用#IP营销#、#内容营销#、#新媒体运营#、#打造IP#、#私域流量#等话题标签，分门别类地去写。我把这种输出方式叫“360°·全方位·立体式输出”。这样的内容形式本身就会显得你很专业和聚焦。

如果你需要销售产品，可以隔三岔五地把你的产品植入进去，哪怕是插播硬广，偶尔发一发也不会让人反感，因为大家认为你不是只会发广告的人。

4. 在正文下署名

署名的目的是让人们每次看完内容后都重复记忆你一次，看过十次八次后对你也就不陌生了。我过去两年发过几千条朋友圈，用的署名方式都是**"祝福 | IP 营销方法论开创者 · 原创分享"**。

5. 注意配图

配图最好与内容相关，建议使用竖屏图，竖屏图能在朋友圈显示得最完整且视觉体验最佳。

6. 注意发朋友圈的时间/频度

90% 的内容在早上上班前和晚上下班后的阅读高峰时间发，10% 的内容在中午休息时间段发，周末/假期全天可发。晚上 8 ~ 10 点的传播效果是白天上班时间的 5 ~ 10 倍。人们都在忙着上班、工作时不怎么看手机，这个时候要少发或不发，而是去准备内容，在人们休息的时间段里多发。注意，不要刷屏，一般每隔 30 分钟以上发一条朋友圈内容就不叫刷屏了。

7. 内容中植入 IP 记忆点

在此分享一下"私域流量研习社"里的同学写的一则关于编织 IP 记忆点的心得体会：

祝福老师在内容营销里，将标签分为主标签、细分标签和 IP 记忆点。比如主标签——IP 营销；在 IP 营销下还有细分标签——新媒体传播、内容营销、微信营销、私域流量、IP 打造等；在细分标签下还有 IP 记忆点，IP 记忆点就是精华内容。这些记忆点是用来对细分标签进行更好的注解，仔细研读这些记忆点就会理解细分标签，细分标签又为主标签服务，主标签为打造IP服务。其实这些所有的内容都在为打造个人IP服务，而IP本身就是最高级的私域流量池。

发好朋友圈的模板

发好朋友圈的模板包含6个要素：①标签/话题。②小标题。③正文内容。④强化记忆的署名。⑤配图，与内容匹配，最好是竖屏版的。⑥内容中植入IP记忆点。

①和④属于同一类，梳理出来以后尽量不变，长期使用；②、③、⑤要求我们每次写的小短文，要有标题、正文、配图；⑥就比较难一点了，需要长期的提炼、积累，一点一点做起来。

【贵在坚持】如下图所示，根据这个模板发朋友圈内容，一天发三五条，就会让你的传播效率比原来提升多倍。如果你持续做三个月，不管你的朋友圈有多少人，他们都会对你的认知有所改变。即使你是一个小白，只要坚持，你的专家范儿就能体现出来。

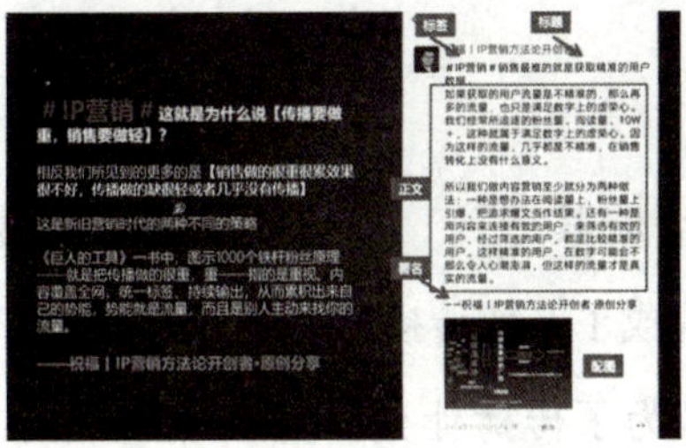

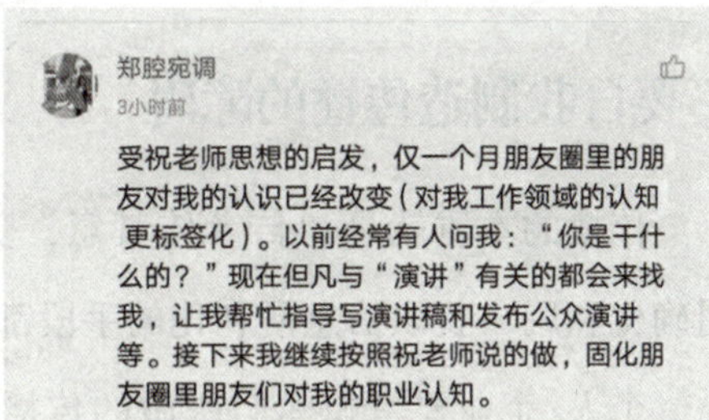

第5节 朋友圈营销的关键点和误区

做好朋友圈营销一定要时时刻刻把握好的三点

做内容营销，要有针对性，因为不同的内容服务不同的用户！这就好比蜜蜂采蜜一样，采什么花酿什么蜜。我们做一个行业，就要做与这个行业相关的内容。

1. 内容给谁看（用户是谁）

内容与我们所在的行业和用户相关，是做好朋友圈营销的第 1 步。

2. 能否引起对方兴趣（内容价值）

内容的优质程度，内容有没有给用户带来价值，这是第 2 步。

3. 想要传递什么信息（内容核心/IP 记忆点）

在内容里面，要提炼出我们的 IP 记忆点，也就是我们的标签。内容营销里“标签为王，内容为后”，内容捍卫标签、服务标签、丰富标签、重复标签。这是做好朋友圈营销的第 3 步。

每次围绕这三个问题，发朋友圈时多思考一下这样做能不能让用户增强一次记忆：你是谁？你是做什么的？你代表什么？这样去做朋友圈营销，将会越来越有效率。

不要自我制造传播的障碍

传播的本质就是“传者传其意，受者晓其事”。一切使得传播的信息明确化和用户获取信息便利化的手段都构成了有效传播的要素。

个人/企业要考虑你们所做的传播是为了传播什么，受众/用户是谁，想让用户知道什么，还要围绕传播的路径，即在生产内容—发布内容—接收内容这个过程中，确保一系列的细节足够明确，不存在传播障碍，否则就会**切断传播**。

以下是切断传播的一个典型案例：

这家公司要做一次微信群里的直播教学。该公司的员工发了一条朋友圈海报，本来直接发一张图片，图片上放个直播链接的二维码或微信群二维码就可以了。

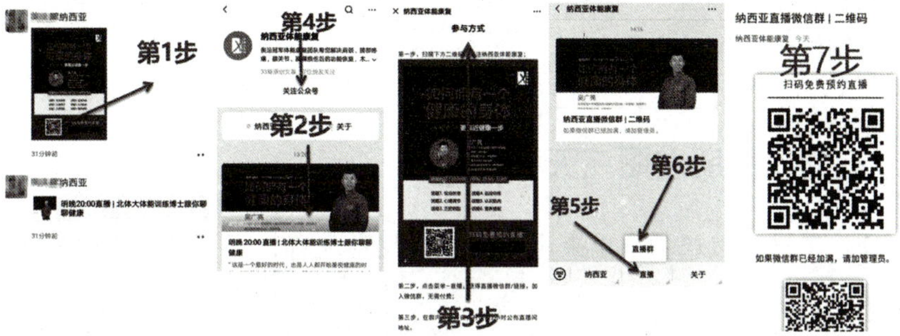

但这家公司为了建个群，居然让用户连续操作/跳转 7 次才能完成进群。

传播里只要每多跳转一次（特别是超过两次跳转以后），传播效率就衰减 99%，即 100 个人中只有 1 个人会进入下一步。按照这个概率计算，想进入这个群，比中 500 万元彩票还要难。

小心被好友贴上“你不想要”的标签

你在微信朋友圈，发的动态、内容，要立体地告诉别人你是谁，你是做什么的，你做得有多专业，你代表什么，为什么你可以代表。

朋友圈发的内容要源源不断，要聚焦，要有价值，要突出 IP 记忆点。杂乱无章的内容没有传播力。

总发鸡汤类的内容就会被人贴上“鸡汤哥”的标签；

总发养生类的内容就会被人贴上“养生哥”的标签；

总发八卦类的内容就会被人贴上“八卦姐”的标签；

总晒娃就会被人贴上“晒娃狂魔”的标签；

总发一些花红柳绿的刷屏广告就会被人贴上“低级微商”的标签；

……

你想被人贴上什么样的标签？

你想成为哪个细分领域里的专家，就去讲好哪个细分领域里的故事，内容就围绕细分领域来输出。

千万不要设置朋友圈三天可见

这一条之所以单独拿出来讲，是因为我发现有相当一部分人设置了朋友圈三天可见。

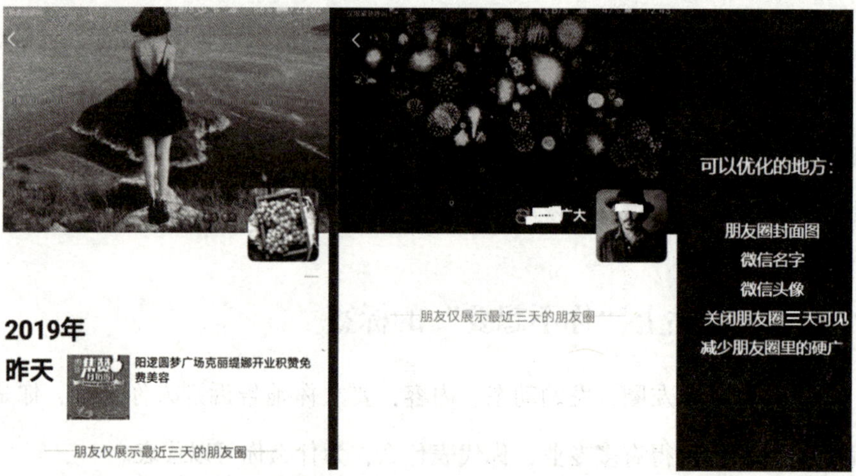

中国有 11 亿人使用微信，微信的场景里面，最重要的就是朋友圈。我们每一个人、每一天 80% 的碎片化时间都花在了朋友圈里面。从流量的角度来看，在微信生态里，流量来源的 80% 也是来源于朋友圈。

我曾经访问过保险业务人员。

问：你联系客户的方式有哪些？

答：打电话和发微信。

问：打电话和发微信各自占比多少？

答：90% 是微信，打电话的目的也是为了加上客户的微信。只有一小部分客户因为年纪大不常使用微信，让发短信或打电话联系。

然后我再去看他的微信和朋友圈，我发现他的微信（朋友圈）做得一点也不好，更谈不上专业。

为什么说做得不好？

因为如果他不说自己是做保险的人，单纯看他的朋友圈，你根本看不出来他是做什么的。而且他一个月就发几条朋友圈，多数还是和保险行业无关的消遣类内容。

你看，微信在他的工作中如此重要，而他所谓的用微信联系客户，就是定期推送一些广告信息。除了需要卖东西时找客户，平时就不搭理人家了，既没有朋友圈的内容，也没有其他形式的互动。

而他的用户90%都在他的微信上，这是多么可怕的一件事，他竟然浑然不觉！

微信就是我们的私域流量池，流量金矿仍是微信。

我们会把所有认识的人、想进一步连接的人，都先加到微信里，以便日后继续沟通；绝大部分的客户维护、促销，都在使用微信个人号。一个销售人员，如果今天手机丢了，基本上就可以放假了，因为他的客户都在微信里。

因此，在营销的前提下谈这个问题，我实在有点儿想不明白，一个需要做市场的人，为什么要把朋友圈设置为三天可见？

朋友圈是秀场，是展示自己的舞台。好比开一场招商会，邀请函都发出去了，人也来了，你却不让人进场。

你处心积虑地把大量的用户加进来，不让人家看你的朋友圈，不让人家进一步了解你，你的工作该怎么进行下一步呢？

只要是做市场的人，不但不应该关闭朋友圈，还应该花大力气把朋友圈打造好，让人通过朋友圈全方面了解你和你做的事。

别人不做，你去做了，是机会；别人做了，你做得更好，也是机会。

传播就是把每一个接触点都做到“信息明确化”，效率就提升了。今天的营销 = 传播，做市场的人，没有理由不首先做好微信上的传播和朋友圈的营销。

第 6 节　如何做好微信群运营

微信生态营销里有三大板块：一对一私聊、朋友圈、微信群。很多人对微信群又爱又恨，其中也包括我。爱它是因为我们看到有很多人在强调社群、微信群的重要性，通过微信群引爆业绩；恨它是因为我们自己建立的微信群，要么成了广告群，要么成了死群，“一管就死，不管就乱”成了微信群运营的魔咒。绝大多数的微信群都是这种状态，绝大多数微信群的寿命不超过三个月。

过去我也建过很多微信群，免费的、收费的都有，我建的免费群一般一个月内就死了；我建的收费群，做完一次服务以后，基本上也处于沉睡状态，跟死群差不多，没有办法再激活。

我不是讲社群运营和做社群落地的专家，谈社群运营我属于班门弄斧，现在很多人谈的社群，据我看基本都是在谈微信群。虽然社群不仅仅是微信群，但因为微信生态的强大，微信群确实可以约等于社群。

保持微信群稳定性的三个要素

保持微信群稳定性有三个要素：共同的利益、共同的价值观、共同关注的某件事。

我认为微信群的运营并不是为了卖东西而去做运营，而是持续不断地给群成员价值，为他们赋能。你看凡是把社群强调成为卖东西的，不断卖卖卖的，几乎没有一个能够做成功。

有微信好友反馈说：“现在很少有人真正有心思和有时间去仔细看微信群里的信息了，因为没用的垃圾社群太多了，绝大多数都是垃圾信息。不能把微信群当作成交的主要途径，因为现在让人为你花钱已经没有那么简单了。

广告群看似很热闹，但很快就沉寂了，因为没有人可以一直处于兴奋状态。相反，给用户价值、为用户赋能，群内尽管冷冷清清，一星期都没有人说话，却一点也不影响用户黏性。为什么家人群、同学群、战友群……关系很牢靠，也没有什么所谓的“运营”，就是因为他们有“共同的利益”“共同的价值观”“共同关注的一件事”。

我做“私域流量研习社”微信群的复盘和心得体会

最近，我开始做付费的“私域流量研习社”微信群。自 2019 年 6 月 17 日建立第一个群以来，我已经建立了四个群，而且我已经着手启动第五个群了。这几个月的微信群运营和前几年我做的微信群运营有些不太一样，因此我想把我的一些做法和心得体会和大家分享。

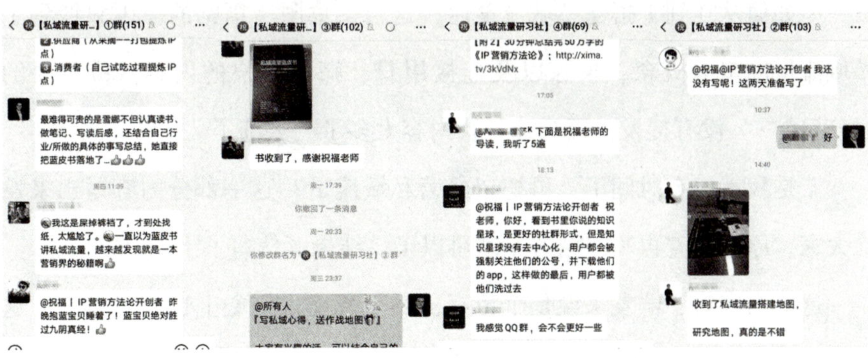

第一阶段：初建微信群

2019 年 6 月初，因为看到有很多人在谈私域流量，我就花了一个下午的时间，写了一篇 15 000 字的文章——《祝老师 15 000 字干货——如何从 0 到 1 搭建私域流量池》，把自己是怎么理解私域流量的，过去几年怎么做新媒体运营和获取精准流量的，私域流量是怎么运营的，这几方面内容简单地谈了谈。

围绕这篇文章，我于 2019 年 6 月 17 日建了一个收费 99 元的“私域流量研习社”微信群。只要有人加入“私域流量研习社”，我就送《祝老师 15 000 字干货——如何从 0 到 1 搭建私域流量池》电子版（52 页），然后再在群里沟通、彼此深度连接。所以这个群的定位很简单，就是共同关注“私域流量”这一个话题。就这样，在半个月内，陆陆续续的有近百人付费加入了这些群。

第二阶段：升级，不断创作内容

升级，就是为群友提供更好、更多的服务，初心就是这个。因为我感觉我写一篇文章并不是一件多难的事，让大家为我的这篇文章付费 99 元，这个钱收得有点狠。我心里真是这么觉得的。再加上《祝老师 15 000 字干货——如何从 0 到 1 搭建私域流量池》这篇文章限于篇幅的原因只谈到了私域流量的基本概念、来源以及连接用户、筛选用户的内容，最重要的“经营用户”没有提及，因为这一块内容太多了、太细了。

于是我就想有时间了，再把“经营私域流量”这一部分内容写出来发给大家。原本想着再写一两万字就可以了，结果竟然写了十几万字。

这些内容对于群友来说是个惊喜，对于我来说良心上也能过得去。这 99 元我收得心安理得，群友花得也值。

第三阶段：再次升级，提供更多、更好、更丰富的增值服务

最近我又将加入“私域流量研习社”的门槛提高至 299 元，因为我又提供了增值服务：我花了 3 天时间，精心录制和剪辑出了 6 个小时的《私域流量》语音导读内容，免费送给群友；我把 2019 年 8 月 23 日在北京录制的“私域盛宴——6 小时直播增长大会”视频剪辑成 1 个小时，免费送给群友。

除了这些不断增加的增值服务以外，在群里我和群友一直保持沟通并给他们答疑解惑，这都是我为群友们不断提供的价值。我做私域流量研习社的目的不是为了卖货，而是为了给用户不断提供更好、更多的服务，为他们赋能，让他们变得更好。

因此，我不需要再做其他营销活动了。他们还会帮我转介绍，我会把一半左右的收入拿出来作为奖励，有时候一天微信群就新增 30 多人，平均每天也在 10 人以上。

介绍完上述三个阶段“私域流量研习社”的相关进展情况以后，我们再来看看“私域流量研习社”的运营：**居然没有运营或者很少有运营！**

当我们做社群，提供的服务足够多时，甚至超出了用户的期望时，就不需要再做其他的运营了。社群运营的本质是什么？我的理解就是不断地为群友创造价值、不断地为群友提供服务。

就学习“私域流量”这件事而言，我们在微信群内提供的内容已经足够多、足够丰富、足够立体了，有书、有图、有课、有语音、有视频，还有沟通和深度连接，还需要什么运营呢？因为我提供的内容是很多知识付费产品做不到的，他们的内容只有我的几分之一，而且收费比我还贵。这样好的社群体验大家就会很珍惜，因此不需要有太多的运营。

“私域流量研习社”运营到现在我也没有发布一条群规，也没有一个人发过广告。我有时候忙起来一个星期都不看微信群，但微信群里一点也

不冷清，群友会自发讨论私域流量的相关话题。

以前我做业务员的时候听过一句话："好的营销就是没有营销。"那么，最近我真真切切地感觉到好的微信群运营就是没有运营。"私域流量研习社"才刚刚成立两个多月，陆陆续续就有500人了，我真的没有运营，也没有时间运营。

虽然私域流量研习社没有运营，但是我用心做了这些事：怎么设身处地的为群友们考虑？怎么多给他们赋能，多为他们创造价值？虽然研习社在不断地涨价，但我提供的增值服务也会越来越多。

如何做好微信群的运营？

1. 任何一个微信群都要有门槛

这个门槛可以是入群费，也可以是其他，比如：共同的价值观、共同的利益、共同做某件事。

有了这些门槛以后，人在微信群里说话、做事就有了自我约束，不需要群规。

"私域流量研习社"没有群规，但没有人发广告，因为比起发广告来说，他们更关心的是"私域流量的学习"这件事，他们付出过成本，不会轻易地冒险。

2. 群主是灵魂，不做群的破坏者，要做赋能者

群主是微信群的构建者，也是最高管理者，因此群主不能带头破坏群的氛围。群主若是三天两头出来卖货，一定会有更多的人也想出来卖货，广告就不断出现了。

群主若是处处都设身处地的维护群友们的利益，那么群友也会自发维护群的利益，因为群的利益也是他们的利益。

我们都知道"破窗效应"。在一个群体中，人们的行为都是趋于一致

的，越是没有人破坏群规则，就越是没有人敢出来破坏群规则，反之亦然。

3. 微信群里一定要有持续的价值产生

人性归根结底是逐利的，群主本身也是在逐利，而利益是用价值交换的。要想追逐更多的利益，就要提供更多的价值，这才是微信群运营的核心。做着做着就死掉了的群，一定是没有价值的群。那么我们就要好好分析一下，做这个群，我们要的价值是什么？群友要的价值是什么？两者怎么匹配起来？匹配度是否合理？群的运营者只能提供 100 元的价值，而要群友付出 1 000 元的价格肯定不合理、不匹配。

只要群的运营者和群友两者之间的价值匹配合理，且能持续地有价值产生，这样的群一定有生命力；否则，两者有任何一方觉得价值不再匹配，慢慢地这个群就散架了。

【案例：阿那亚社群运营方法论】

背景资料：阿那亚是一个房地产项目，位于北戴河黄金海岸腹地，被誉为北中国海最美滨海度假社区。阿那亚创始人马寅说："我们从一开始就没把阿那亚当作传统的房地产项目。我们把阿那亚定位成某种生活方式的提供商，把它理解成服务业，服务才是阿那亚的未来。"这篇短文是根据阿那亚创始人马寅的一次"关于阿那亚社群运营"的分享整理加工而成的。

社群是一把双刃剑，做社群一定要先把真正的初心想清楚，不能只盯着卖东西这个结果，而要搞清楚我们到底为什么要做社群？

阿那亚的社群运营步骤如下：

第一步：主动搭建，营造氛围。

营造氛围很重要，也非常有必要。阿那亚于 2014 年上半年开始做社群是为了给客户交房子。客户买房子后有各方面的问题需要沟通，于是就建立一个微信群，这就是阿那亚社群的雏形。

为什么要营造氛围？因为要建立归属感和信任感。

如何营造氛围？阿那亚要求工作人员不允许反驳用户，所有的事情都可以讨论，让正能量多传播，通过交流找到更多真实的需求，通过需求衍生出来服务内容，再规划产品。因为产品一定不是提前规划出来的，而是被需求催生出来的。这样做让种子用户有了归属感，和种子用户建立了信任感，再影响后面的人，社群氛围逐渐就形成了。

第二步：明确价值观，建立认同感。

社群本来就是与志同道合者的一个关系的联合，成员必须对社群产生认同感，才有黏性，才能凝聚在一起。只有在一起才能产生真正的价值。

如何建立认同感？

以价值观引导。阿那亚把美好的梦想告知用户，一起共建海边乌托邦和桃花源，将美好生活的价值观体现在每一件具体的小事情上。比如停车问题、倒垃圾问题……

阿那亚认为社群一定是大家共同管理出来的，一定不是被群主/开发商管理出来的。如果群友跟社群没关系，不是社群的一分子，就不可能有羞耻心，就会成为社群规则的破坏者。

第三步：制定规则。

为什么要制定规则？

规则不是群主定出来的，社群使人群从无序到有序，需要有简单的规则调整社群组织。大家需要在共同的规则下展开有温度的生活，而不是什么事都找群主，在日常生活中不断完善，形成制度。

如何建立规则？

阿那亚有各种公约，比如养犬公约、访客守则、物业收费管理规定等，这些都是业主们自己讨论出来的。新进业主进来，需要先同意阿那亚公约。新发现的问题和建议可以在群里随时讨论。比如，大家要有同理心——衣衫不整者不能去食堂，大家一起做到、一起维护。

凭什么我要听你的？你是谁呀？凭什么你说得就对？凭什么你制定出来的规则我就要遵守？规则不是群主制定的，群主要把这些东西拿出来和群友们一起讨论、一起制定，在执行的过程中不断地完善。只有不断完善制度和规则，才会让社群产生公平，而公平性在社群中无比重要。

第四步：激发参与感。

为什么要激发用户的参与感？

消费者也参与到创新与生产当中，成为内容的产出者，形成一种共创的关系。过去是厂商主导，消费者与生产者之间是消费与生产的关系，但发展到今天，消费者与生产者之间形成一种共创的关系。人人都是群主的社群才是一个好社群，所有人都是明星的社群才是好社群。有参与感后你也是群主，当你觉得你是群主的时候，你就特别有责任让这个群互动起来。

赋予参与感的做法是什么？

阿那亚每年都会举办很多活动，比如阿那亚爱猫节、瑜伽节、暑期夏令营、音乐游学营、阿那亚对角巷市集、阿那亚少年成人礼招募、铃木常吉·阿那亚巡演、阿那亚 10 公里公开赛……只要价值观是对的，人是对的，活动是对的，就要不遗余力地在各个层面去支持群友。力争做到人人都是主角，人人都是明星。如果社群没有一个一以贯之的价值观，大家可能会逐渐淡忘目标。一个社群只有有了共同记忆之后，才会形成真正的认同。

第五步：融合共同体。

阿那亚对融合共同体的解读是：利益共同体 + 情感共同体 + 精神共同体。

具体做法是希望大家都成为美好事业的合伙人："我们基于共同的价值观，愿意把最重要的、最赚钱的、最好的项目拿出来与大家一起分享。"但不是做众筹，众筹很多时候是把风险最大的、自己最不愿意干的项目拿出来让别人来承担。在商业层面：优先业主开店；在精神层面：支持做家史计划。最终让阿那亚居民形成命运共同体——阿那亚，是新故乡，是故乡到故乡的那条路。

当我们为这样的事情努力的时候，所有的事情都迎刃而解了。大家的想法会变得更干净。

除了首先要明确建立社群的目的之外，阿那亚的社群运营有五个方面值得我们借鉴：

第一步：主动搭建——营造氛围，形成种子用户。

第二步：明确价值感——建立认同感。

第三步：制定规则——共同讨论，细化和完善规则。

第四步：激发参与感。

第五步：融合为利益共同体、情感共同体、精神共同体。

阿那亚社群运营所遵守的宗旨是："从业主中来，到业主中去。"这是自发的一种生长，是业主们的自娱自乐，阿那亚提供平台和赞助，让大家都慢下来参与其中、享受其中。

第7节　私域流量搭建和运营案例分享

体能康复行业线下门店的做法

我的一个客户吴总，他是北京体育大学博士生导师，同时还是国家跆拳道队和高尔夫球队的队医。他开了一家体能康复馆，这家店位于北京奥林匹克森林公园内。奥林匹克森林公园每年入园人数达 2 000 万人次，是北京著名的旅游景点之一。这里人流量很大，除了小部分旅游人群外，大多数人是来园里锻炼身体的北京居民，这里还是全北京市重大体育活动的场地。

2017 年夏天，吴总找我咨询公众号引流的事情，我给他的建议就是做私域流量，即以他个人名义开通微信个人号，把到店的顾客、门口经过的锻炼人群加进来。因为他的店门口正对着 0 公里起跑处，也是过往行人最容易停留的地方。

我建议他把门口的广告板用好，主要做好三个方面：

一是展示吴总穿着国家队训练服拍的照片，照片要占到整块板子的 1/3。

二是一句十几个字的广告语，字要大，介绍服务项目和能解决的问题。

三是放一个个人微信二维码，且保证离 5 米远的位置可以直接扫得到。

广告板也是一个媒体，比公众号好数倍，因为广告板就是一个巨大的流量入口。

建材行业实体店如何搭建私域流量池

这是潘潘郡主分享的一个自己的案例。她在江苏宿迁市做了 20 年的实体建材行业的生意。以下是她关于建材行业小型实体店如何转型与搭建私域流量池的案例分享。

现在大家都在谈社群零售，搭建私域流量池。实体企业，特别是建材企业如何去抓住这个趋势呢？我们该如何做才能赋能于我们当下的产业，又该如何从这个风口中寻找新的机会？

先说我们现在存在的痛点是什么？

（1）做建材行业的老板都是加盟型的，品牌是厂家的，所有的努力都是为厂家在打造品牌。一旦厂家不和你签约了，那么你这些年的努力都归零了。

（2）建材行业的企业很多都是小规模经营，所以在打造团队上的困难有很多，很难给团队塑造愿景。

（3）新客户的维护转化，即拉新—留存—变现的能力弱。现在互联网上的流量竞争已是白热化，要获取一个网上的客户成本为700～800元。线下则面临着高租金、高薪资，在需方减少的情况下，获客成本更高。在同质化的竞争中，大家拼的就是价格。你让客户如何信任你并买你的产品？你有没有自己的核心价值，有没有自己独特的标签？

（4）建材产品复购率低，老客户无法重复消费。建材的使用寿命长，是低频的消费产品，而且传统的老客户维护模式很难有创新，老客户的转介绍能力弱。

（5）建材行业的员工流动性强。员工用公司的资源、用公司的品牌和客户搞好关系，离职的时候把这些客户一起带走，交给他的下一个老板。

（6）老板连接外面资源的能力弱。作为一个老板，最需要的是连接外部资源，而不是在店面做接待、做销售，特别是在当下资源短缺的情况下。

现在，建材行业小型实体店面临两个问题：一是如何打造个人IP；二是如何拥有个人私域流量池。

简单地说就是你如何把人从公域流量池里吸引到你的私域流量池里?

在过去，很多人是通过线下营销来获取用户的，4G 时代开启了从线上获取用户的方式。在未来的 5G 时代，渠道会更加多元。多元化的渠道使得用户来源更加多样。请问你的流量从哪儿来?无非就是从天网、地网、电网、人网中来，当你能够接触到更多的用户，并达到一定规模时，就会有产品的转化，也就有了销售收入，实现了盈利。

下面我分享一下我们的团花项目——怎么通过团花连接人?

我们的花是统一从云南基地直飞到全国各城市的，每周一团，鲜花品种多，价格低于当地的花价，9.9 元起。我们有统一的文字、图片模板，建立花群团购，把喜欢花的人吸引到我们自己的花群里。从团花项目建群开始，在做的过程中获取私域流量、打造个人 IP。

目前达到的结果有:

(1) 维护了老客户。我们为老客户建立一个群，第一次买花只需 9.9 元。对买花有意向的客户我们再邀请其到新的团花群，同时还能激发老客户。这就“激活沉睡的用户和用存量带增量。”

(2) 客户都是上门取花的。有的花友第一次进店，看到我们的本业是装饰建材，而家里正好在装修，这些流量就直接可以转化。宣传费用、引流费用，之前都需要钱，现在都接近零成本。

我有好几个新客户加进我们的花友群，在花友群里产生新的连接，后来成交了 5 万元的建材订单。

(3) 零成本在当地搭建自己的私域流量池。在本地发展 100 个合伙人，100 个合伙人再各自连接 100 个人，我们如果在这个城市连接上万人，会是什么样的结果!现在我们的取花点已经有 100 个。现在各种品牌推广方主动找我们合作，各种资源都主动来连接我们。

这就是私域流量的思维：

（1）自己就是品牌，拥有个人私域流量池。外面的资源主动找你合作，大家互相赋能，不存在为别人“做嫁衣”的情况。

（2）自建变现平台。连接用户与产品的平台，把事业做大、范围做广，员工也可以是你的创业合伙人，大家都在做自己一辈子的事业。

（3）老客户多频消费，且专属于你。用产品连接外部资源，达到多元化，用高频产品满足老客户的需求，可以终身绑定消费。老客户既可以是消费者，也可以是销售者。

（4）轻资产投入，投入时间、精力、学习力、行动力即可。

我的初心就是解决建材销售行业存在的痛点及赋能当下的事业。我现在还在本地组织建材实体店老板成立一个新零售私域流量研习社，带领大家一起做团花项目，并且带领大家学习：

（1）打造自己的IP，建立自己的私域流量池；

（2）赋能自己当下的个人IP；

（3）拓展当地的资源，产生新的盈利点。

餐饮行业的做法

裂变增长实验室联合创始人尹基跃曾分享过这样一个案例：足迹遍布10多个城市的鹿角巷奶茶店也在有意识地把到店消费的顾客都引流到微信个人号上。目前它们的运营刚开始，只是在朋友圈展示新饮品，起到触达和发放优惠活动信息的目的。

某直营餐饮店的做法是把来到店里用餐的顾客添加为微信个人号好友。理由也很简单，加好友就可以用1元钱买价值10元钱的羊肉串。目前他们朋友圈内容的运营方案，一部分是围绕新鲜的食材讲故事，另一部分是围绕孩子们吃饭时的快乐场景做宣传。

2017 年前后，一个做炒冰连锁品牌的餐饮人开始了一项尝试。他通过品牌的大批加盟商，把炒冰的到店顾客导流到品牌方的个人微信号矩阵上，日积月累，竟为企业积累了大批 C 端顾客，有 30 万微信好友留存在 60 部手机上。

本质上讲，这些愿意留下微信的顾客都是对门店产品和服务比较认可的人群，他从这批粉丝当中又发展了不少新的加盟商。不仅如此，流量池的持续积累也为他的下一个新品牌助力不少。在炒冰品牌之后，他又打造了一个新式麻辣烫品牌，一下子引起了年轻人的注意，许多新的加盟商同样是从他当初导流的粉丝中来的。

从炒冰到麻辣烫，餐饮项目的段位和门槛在提高，这也是他运营个人微信号好友为品牌发力的结果。

一般餐饮店的服务顾客都是 3 千米之内的居民，把这些顾客加到微信个人号上，相当于多开了一个云端餐厅，既可以方便顾客用餐、订餐，又可以减轻美团等外卖品牌对经营者净利润的切割。

知识付费行业的做法

从事知识付费行业的老师有意识地把各种线上、线下的学员粉丝都加到微信个人号上。这个微信号可以是老师自用的，也可以是以老师名义开通的，以便形成强连接，长期经营用户，为以后带来新的复购。知识付费行业是一个需要“专业性和专家感”很强的行业，我们上面讲到信任也是来源于“专家感”。因此，知识付费行业最好的做法就是让听过老师课的、想听老师课的粉丝，都添加到以老师名义开通的微信个人号上。实际上一个老师有 10 个、20 个微信个人号，就等于有了 5 万人、10 万人的客户了，已经是大咖级老师了，用两三个助理就能做好日常的朋友圈运营了，还有什么方法比这个更好的呢？

其实这些大大小小的案例，不管什么行业，具体的做法都是类似的，都是往个人微信号上引流，然后再做好沟通、互动，以求长期经营。方法不是主要的，主要的是思维方式的改变。这种思维方式的改变是怎么做才能离用户更近一点。

进入2019年，公域流量的盛宴接近尾声，私域流量深耕细作的时代已经来临。越来越多的实体店老板都在用微信个人号搭建自己的“私域流量池”，然后进一步经营用户。

2018年9月在纳斯达克上市的学习应用平台“英语流利说”，2018年净营收为6.37亿元人民币，同比增长284.9%。亿级收入增长的背后，离不开其背后的2 000多个微信群运营人员。

幼儿英语启蒙App“宝宝玩英语”，通过幼儿英语启蒙微信群，2年时间积累了150多万用户，其中付费用户30万，由此获得腾讯领投的1.5亿元融资。

……

以上这些案例，都是企业在**微信个人号**的生态里沉淀自己的**私域流量**所获得的成功经验。我们看到越来越多的大企业也开始注重私域流量池的搭建了，韩都衣舍、西贝莜面村、海底捞火锅、宝洁等已经大张旗鼓地布局了。

比如西贝莜面村正在打造具有“品牌人格”的传播矩阵，用具有品牌人格的微信个人号跟大家互动。这背后不是一串数字，而是一个一个真实的人。顾客到店就餐后，许多都和西贝莜面村店长互加微信，成了朋友，久而久之，形成了一种品牌和顾客的私人化强连接。

美团外卖商户
引导顾客添加微信个人号

海底捞火锅每个门店都
在引导顾客添加微信个人号

西贝莜面村每个门店都
在引导顾客添加微信个人号

“内容是性价比最高的营销投资。”西贝莜面村副总裁楚学友这样认为，“创造口碑比广告投放重要，持续互动比单向推送重要。”

这些店长朋友从不会在朋友圈里“硬广刷屏”，有时候写几句生活感悟，有时候教大家做菜，有时候分享一下温馨的用餐氛围，利用生活化的视角透露出品牌的点点滴滴。

利用店长身份跟顾客建立联系、服务顾客的同时，在朋友圈发送一些与品牌调性相关，符合品牌营销需求的菜品和场景内容来塑造品牌的形象。对于餐饮行业来说，这些微信号接到投诉时能够即时化解，以防外传发酵，同时还能及时响应顾客的其他需求，使餐厅的服务变得更全面和直观。

第 8 节 用微信个人号搭建私域流量池的注意事项

最好用真人来做 IP 人设

很多品牌方会很坚持地说我的微信号一定要用公司品牌 Logo 做头像，用公司品牌名做昵称。微信具有社交属性，我们朋友圈里的好友也希望跟他说话的是一个真人，而不是一个冷冰冰的机构（品牌）。

人设可以是店长。对于电商卖家，店长有自己的生活和生意，这个生意也许支撑的是店长的梦想，也许是养家糊口的小本经营。一个丰满的店长形象让用户感受到的不是这个陌生的店名，而是一个可信任的人。

人设可以是KOL（关键意见领袖）。有一些领域需要有观点输出，给用户普及常识，整合信息和资源，这些领域的商家就可以打造KOL。比如，母婴类KOL是大家比较常见的。

人设可以是网红。现在是看脸的时代，很多领域都需要用颜值来作为卖点。例如，美妆护肤、服装类都可以走网红路线。

总之，不同的领域，要根据领域特点去打造不同的IP人设，与用户建立关系，取得用户信任，让用户觉得自己的朋友圈里多了一个有价值的“真人”。

搭建私域流量池作为商业行为，最终目的是要转化、变现。在私域流量池中如何做销售转化，各家玩法也不同。比如电商玩家，平时在朋友圈发布新品，晒用户好评，给用户多多种草；在特定时点做活动促销，转化率会比其他电商平台高出2倍甚至更高。比如社群玩家，建立庞大的社群后，可以用社群广告或销售产品来转化变现。上文提到的“英语流利说”和“宝宝玩英语”就是先把人加进来，再用微信社群做转化。

做好用户的标签和信息记录

在与用户的每一次交互中都会留下用户信息，最好将这些信息收集起来，日积月累，你会对你的用户有更深入的了解。做好标签和信息记录，可以极大地方便运营，做到知己知彼。你对用户越了解，就越能做正确的决策。

流量不是只有用于成交一个目的，每一个流量的背后都是一位有血有肉的用户

建立私域流量池后要长期经营用户，要把用户当作“鲜活的人”去用心服务，而不是把用户看作流量。流量不是只用于成交一个目的，要知道每一个流量的背后都是一位有血有肉的用户。

经营用户是一个长期的过程，如何维护好用户，如何做到更大的价值变现和转化，与运营者本身的思维有极大关系。一切的粗暴营销行为都会被用户识破，要用心做好朋友圈里的内容以及与用户的沟通，让用户感受到你的诚意，建立对你的信任，后续的转化就容易了。

第9节　安全第一，高度重视微信封号的问题

首先来看一篇社群日记，这是我在“中国社群大学”青岛站演讲时认识的精壹门掌门人、《引爆微信群》作者老壹老师不久前写的。

【社群日记】

2019年7月3日 晴间多云有雨

私域流量才是真正的资产！

7月2日，微信下重手封杀营销微信号，只要是“老司机”都未能幸免。老壹也被封了两个微信号，幸运的是没有永久封禁，自助解封即可。但是，当收到封禁消息的时候后背还是发凉。因为我们的号都是耗费大量精力精细化运营的，而且大部分都是付费用户。如果永久封禁，那就相当于查封了两笔价值不菲的资产。

封号的原因是涉嫌用微信外挂、模拟器等。据社群内部伙伴们汇报的

情况，不管是哪家的营销手机，也不管是哪家的第三方软件都有遭受封禁的情况。

在今天下午社群内部的聚会中，我们做了很深刻的反思。虽然我们一向在腾讯的用户价值观体系下进行营销，即使我们使用了第三方软件，我们仍然跟腾讯一样，关注用户体验。即便如此，我们仍然难以幸免，其中最重要的原因是跟我们使用同样软件的人根本就不关注用户体验。尤其是一直抱持流量思维进行社群运营和社交营销的电商，仍然在采用暴力营销的促销方式，大大地损害了用户体验。在这种情况下，腾讯官方当然要痛下杀手，因此让很多像我们这样关注用户体验的社群也被卷入其中。

无论是社交电商的风口，社群团购的风口，还是私域流量的风口，从事暴力营销，靠流量取胜，而不是靠精细化运营取胜，都无法长久。

……

精壹门掌门人　老壹

2019年7月4日凌晨

随着各个社交媒体平台（微信、微博、抖音、头条……）用户的饱和，社交媒体生态的竞争趋于稳定，跑马圈地的野蛮增长之后，就是各个社交媒体平台精细化运营的时候到了。

所谓精细化运营，就是把用户体验排在第一位，过去排在第一位的是用户增长。一切不利于社交生态发展的行为，一切给用户带来不美好体验的行为，诸如硬广、鸡汤、恶意刷屏等行为都会被限制。今后我们做社交媒体运营的难度和障碍会越来越大。

随着微信规则越来越严格，账号的安全性如果不能保证，辛辛苦苦养个号，一旦封禁就会前功尽弃，遭受巨大财产损失。

只要是在别人的地盘上做事，就没有绝对安全的私域流量池

微信是最普遍使用的社交软件，而且微信相对私密，离用户最近，所

以相比而言微信个人号是最好的私域流量池。

但微信个人号也是腾讯的，个人不拥有绝对的支配权。如果违反微信规则，微信官方有权封号，这一点在所有的社交平台上都是一样的。

基于此，没有绝对安全的私域流量池。那么就需要我们遵守微信的游戏规则，不做微信生态的破坏者。

除了微信，还有没有安全的私域流量池？我觉得有：

（1）自行开发的App，安全有保证，但弊端如下：

①维护成本高，少说一年也要上百万元。

②用户下载安装成本更高，几百元一个安装成本并不算多。

③绝大部分的中小企业根本没有能力运营，也没有必要搞这个。

（2）品牌/IP是最稳健的私域流量池。

品牌/IP是无形的，它存在于消费者的脑海里，这是最高级、最安全、最稳健的私域流量池。问题是，绝大多数的人和企业没有品牌/IP。这实际上是一个悖论：品牌/IP不会凭空产生，也不会一夜之间产生，必然是长期经营用户的结果。

真人运营：不建议使用任何群控软件/微信外挂/爆粉工具/营销手机

2019年7月4日，微信官方信息第一出口——“微信派”公众号发布文章辟谣了网上流传的2019年7月2日“微信半小时内封禁3 000万个微信个人号”这一说法，但同时声明“微信重拳打击用外挂的违规号，是真的”。

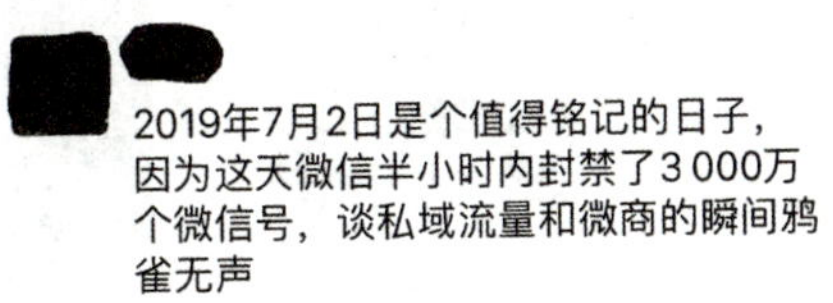
2019年7月2日是个值得铭记的日子，因为这天微信半小时内封禁了3 000万个微信号，谈私域流量和微商的瞬间鸦雀无声

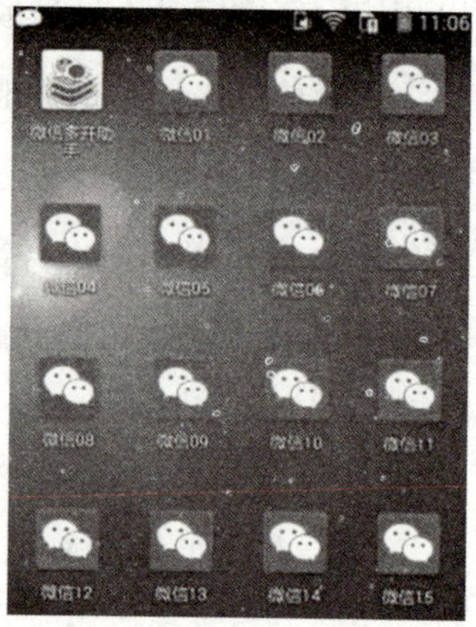

右图是微信外挂的一种，叫作“多开微信”。微信也有账号切换登录的功能，只是没办法让这么多微信账号同时登录。

除了“多开微信”，还有以下常见的微信外挂类型：

（1）以各种噱头诱导用户直接下载使用的，如：

①一键转发朋友圈：可以批量转发朋友圈图文以及好友发送过来的小视频。

②Android模拟器：在计算机上模拟手机端登录微信，实现和微信手机端一样的操作。

③红包外挂：当微信收到红包消息之后，自动完成微信抢红包的操作。

④皮肤微信：可以更换微信图标，自定义微信主题。

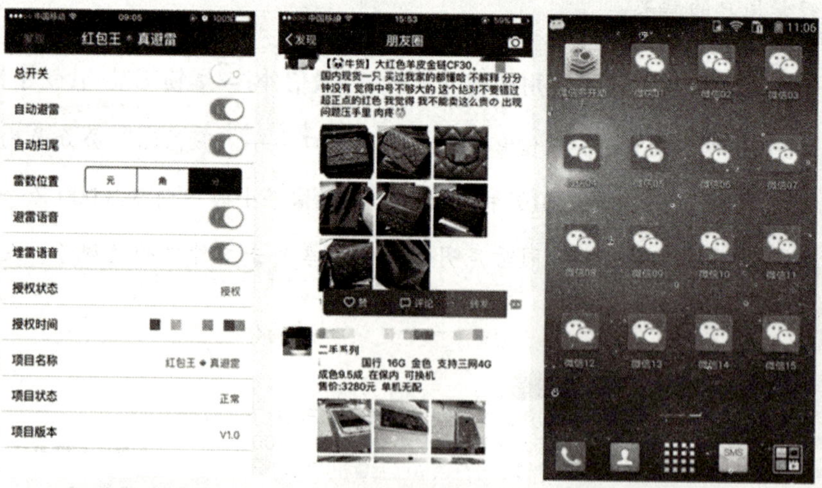

自动抢红包　　一键转发　　微信多开

（2）利用群控外挂技术开发的外挂，通常被包装成“微营销”神器：

①通过虚拟定位、批量打招呼等方式，实现批量添加好友、自动化批量发朋友圈、一键点赞、一键评论等功能。

②所谓的“微信群营销功能”，如实现定时群发、自动回复、自动聊天等控制功能。

总而言之，微信外挂就是开发者用来篡改微信正常功能的工具，目的是给微信增加一些乱七八糟的“新”功能，比如多开微信、朋友圈一键转发……其实是为了大规模发送广告或诈骗信息，风险不容小觑。

以上这些，如果你觉得没看太懂，说明你没有使用过外挂微信。那么恭喜你，你的微信还是安全的。

如果你正在使用微信外挂，以下风险你需要了解：

（1）被利用骚扰别人：微信外挂常被用于恶意营销，说不定自己的账号就“被变成”每天发小广告的工具了。

（2）助长坏人犯罪：容易被违法犯罪分子利用，用以发布不良信息、实施欺诈，一不小心自己就成了帮凶。

（3）有隐私风险：外挂软件存在收集泄露用户隐私信息、盗取用户账号密码等风险，实在用不得。

（4）威胁财产安全：使用外挂还可能被坏人利用，威胁自己的资金安全。

（5）影响使用微信的稳定性：外挂微信不是官方正版，使用起来容易出现各种各样的问题，甚至丢失聊天记录，影响体验。

对于使用外挂的账号，我们将重拳打击：

对明确使用外挂功能的账号，我们将根据违规程度按照阶梯性处罚原则，包括但不限于限制朋友圈、加好友、打招呼等功能，限制登录等形式；对多次违规的账号，还将加重处罚。

今年以来，微信已经打击过上百万个明确使用外挂的账号。我们也提醒大家，保护账号安全，千万别使用外挂。务必从官方渠道下载微信客户端，不要使用具有多开、自动抢红包、一键群发等功能的微信软件，也不要使用其他破坏微信软件协议或具有外挂功能的插件及软件。

重拳打击外挂，我们是认真的。

（以上内容来源于公众号“微信派丨ID：wx-pai，7 月 4 日发布的文章《这篇如果你没太看懂，那恭喜你了》”）

整体而言，我觉得封号和把规则破坏者清理掉，从而净化微信生态圈是好事情。

如果靠吸引和连接真实的用户，几千、几万个好友就已经很多了。看似人数不是那么多，但是都很精准。毕竟你加别人和别人主动加你的意义不一样。

一个微信 5 000 人，10 个微信 50 000 人，用 2 个专职人员运营就可以了。50 000 个潜在顾客、精准流量，对于一个百人公司来说足够了。没有必要用 100 个微信号装满了不精准的流量，然后再用第三方群控软件、外挂、模拟器、营销手机、虚拟聊天机器人运营，这样做效果不好，还容易被查封。群控软件，我觉得只要不是腾讯的，都没有绝对的安全，都会受限制。

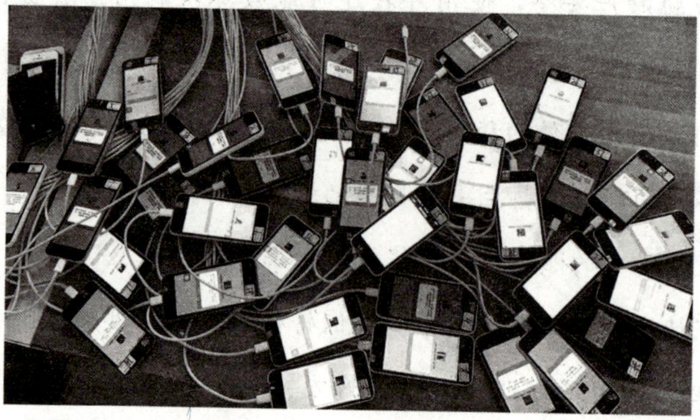

最近不时爆发的微信封号和打击外挂事件，正好印证了我过去一直强调的：要做真实的信任流量，连接真实的用户，不要盲目追逐粉丝量。

真实的用户、真实的连接、真实的沟通、真实的服务，才是微信倡导的“微信是一个生活方式”。做私域流量的大方向没错，错的是不顾用户体验和无视微信规则的错误方式。微信营销一定要建立在真人真社交之上。微信用户已经突破 11 亿人，从长远来看，微信一定会持续地通过多种手段净化社交环境，让微信真正成为一个生活方式。

总结：

做微信私域流量池的运营，一定是建立在真人、真事、真沟通的基础之上，不建议使用任何群控软件、微信外挂、爆粉工具等。

微信私域流量池的运营，一定是需要倾注情感的经营行为，一定不是冷冰冰的机器所能胜任的。机器再智能、再便利也还是机器。如果我们有用户思维，打算好好经营用户，注重用户的终身价值，那么，请释放出人性光辉的一面，真心地和用户交朋友。

暴力的营销是“割韭菜”的逻辑！微信私域流量池的运营是长期“经营用户”的逻辑。张小龙说得好：“善良比聪明更重要！”“私域流量”的核心还是人心的运营，你不是产品推广专家，而是一个有血有肉的专家 + 好友，私域流量代表了从流量思维往用户思维的转变。

一切看似快捷的手段，实际上对于微信好友以及自己的良性生态构建都是不利的。使用微信个人号做营销，一定要建立在正常、正规、非反常的手段上。真感情投入，有人的温度，利他，才是营销的灵魂！

CHAPTER FOUR

第 4 章

如何打造个人 IP

第 1 节 建立你的时间资产

我们每个人每天的时间都是一样的，都是 24 小时，即使再能拼搏，一天也最多工作十七八个小时。

在“私域流量研习社”的微信群里，中国社群大学的发起人李宇先生曾提出来一个时间增量的公式：$E = mc^2$。

式中 E——时间增量；

m——私域流量；

c^2——个人 IP（内容价值输出能力）。

在有限的时间里做了多少事，做了什么事，产生了多大的价值，怎样才能更高效率地产生价值，用 $E = mc^2$ 这个公式是可以表达的。它既是一个时间增量的公式，又是一个人生价值效能公式。

所有成功的背后都有一个“时间增量”，积累得不够一定不可能有突破。时间增量可以来源于自己，也可以来源于别人，老板雇用更多的员工就是在用工资购买“时间增量”。

怎样才能更有效率地打造个人 IP？

这本身也是一个“时间增量”的问题。

一方面我们要提高每一天、每一件事、每一份工作的效率。

怎么做事情才会更有效率？我在前几年听到过一句话：“管理能量而

非管理时间。”管理时间并不会增加时间，不如管理能量，能量可以十倍、百倍、千倍地提高。

管理能量就是要做到：“做事绝对聚焦，时间绝对集中。一次只做一件事，投入所有的精力，把它做好、做成。”100 根火柴一起点燃和分开点燃，产生的能量可能是一样的，但能量的效率不一样。分开点燃的火柴没有效率，就是因为分散了精力、分散了时间，这做一点那做一点，结果导致时间也浪费完了，事情还没做好。

另一方面就是打造个人 IP 和搭建私域流量池。

打造个人 IP 和搭建私域流量池，这两者是相辅相成、一体两面的一件事。

对于 E（时间增量）$=m$（私域流量）$\times c^2$（个人 IP），怎么解读？

我想是这样的：

(1) 打造个人 IP 是做好传播、做好内容输出、做好内容营销以后，自然而然的结果。

(2) 做好传播、做好内容输出、做好内容营销，就会获得源源不断的精准流量，就是我们的私域流量，有了流量才可以搭建私域流量池。

(3) 私域流量越多，IP 效应越明显。

我们如果能理解和遵循这个公式，就能最大效率地把事情做好。既搭建了自己的私域流量池，又打造了个人 IP，实际就是建立了自己的时间资产，让自己的人生更丰盛，更有价值。

第 2 节　如何在微信朋友圈里打造个人 IP

如果是从 0 起步打造个人 IP 的话，我建议先从 5 000 人的朋友圈做起，尝试、摸索经验，找到感觉以后，再扩大到更多的媒体平台，做矩阵化运营。

打造IP的公式

IP=标签化×内容力×持续积累势能

IP 的定义——自带流量的人格

我对 IP 的定义是自带流量的人格。

这个定义有两个关键词：自带流量和人格。自带流量很好理解，人们会追着 IP 跑；人格也就是说把产品打造的“拟人化”，比如小茗同学、江小白等。

IP 是具有人格化的“虚拟生命”。此生命存在的意义是被用户强烈地需要。如果一个人/产品被称之为 IP，一定是他/它受到了一部分人的拥护。IP 在面对用户时是“被追捧”的姿态。IP 的成长方式是吸引更多的外部流量进入自己的流量池。

品牌和 IP 的区别

品牌和 IP 的区别在于：品牌是基于产品的，IP 是基于人的；品牌是工业化时代的产物，IP 是移动互联网时代的新物种。这就是两者的区别。在移动互联网时代，把个人品牌称之为个人 IP 更为恰当。

品牌 = 用户被动连接；IP = 用户主动连接

品牌 = 先产品后内容 ；IP = 先内容后产品

品牌 = 承载的是产品 ；IP = 承载的是信息

品牌和 IP 之间，一个是产品本位，一个是内容本位。前者是产品衍生内容，后者是内容孵化产品，这决定了它们是否能产生真正的人格。

品牌诞生的根本原因是社会生产的产品过剩。在产品稀缺的时代，谁也不会挑挑拣拣。品牌最大的功用是降低人们的选择成本和搜索成本，品牌的目的就是解决消费者选谁的问题。换句话说，品牌是一个信任代理，品牌的本质是识别产品的符号，它可以帮助消费者更快地选中好产品，也让好产品更快地卖出去。

品牌即人。在移动互联网时代，品牌正在 IP 化，品牌的未来就是打造 IP。任何一个业态都是得年轻人得天下，老品牌、传统品牌要升级，就要年轻化、IP 化。

在朋友圈里塑造专家感

IP 指代的现实意义是它代表着某个人/某个产品在某个细分领域里做得很专业，很有影响力，是专家的角色。人们信任专家，所以才想什么事都找专家，这时专家就“自带流量”了。比如去医院看病，大家都想挂个专家号，贵点儿也没关系。微信营销的终极目的就是成为好友们信任的某个细分领域里的专家，也就是 IP。你是某行业的专家，或者能通过朋友圈营销塑造出专家感，用户就会信任你。

这给我们的启发是：无论是个人还是企业，要想在所在的领域里有影响力，无论是打造个人 IP 还是做好营销，积累专业知识并把专业知识以内容的形式源源不断地输出，去影响越来越多的网民的认知，是非常重要且必不可少的事情。

在朋友圈里，如何塑造出来专家感

朋友圈里除了发广告的人，人人都在传播知识，人人都是老师。这么多的信息、内容，用户根本看不过来，更不会记得住。如今，信息获取的成本越来越低，信息筛选的成本越来越高。用户也都产生了内容焦虑和阅读厌烦症。

谁能降低用户信息筛选的成本？

谁的传播就会有效率；

谁的内容就会脱颖而出；

谁就能和用户建立信任；

谁的营销就能做得更好。

朋友圈营销的终极目的就是把自己打造成为细分领域里人们可信任的专家。人们之所以信任专家，就是因为“专家”可以降低用户筛选信息、产品/解决问题的成本，过去是这样，现在也是这样，这是营销不变的原理。

具体方法

（1）个人微信基本装修（真实昵称、头像等）要做好，这是最基本的要求。就像我们出门前要先穿一件干净利索的衣服一样，“人靠衣装马靠鞍”，能打扮得越高大上越好。

（2）朋友圈发的内容要源源不断，要聚焦，要有价值，要突出IP记忆点。杂乱无章的内容没有传播力。

你想被人贴上什么样的标签？

你想成为哪个细分领域里的专家？

就去讲好哪个细分领域里的故事，内容就围绕这个来输出。

没有内容怎么办？内容从哪里来？

答案是：输入=输出。

写不出来，没东西分享，一定是在这个领域积累得少、学习得少。

要成为专家，体现出来专家感，没有捷径，肯定是要下一番苦功夫的。

品牌是最稳定的私域流量池，IP 也是

IP 自带流量，且自带的都是主动来找它的私域流量。最稳定指的是，无论过去的品牌还是今天的 IP，都是虚拟的流量载体，一旦建立起来，不需要依附任何人和平台，就可以牢牢地存在于人们的脑海中。

你不需要纠结私域流量是什么，你只需要知道“你是谁，你是做什么的，你代表什么”，并把主动连接/主动添加你的人，装到私域流量池里，好好地经营，和用户交朋友，建立信任、关系和交情。大家想想，IP 不就是在建立私域流量池嘛！而且 IP 是最安全、最高级、最稳定的私域流量池，它可以没有任何载体，因为它存在用户的脑海里。

美国可口可乐公司前任董事长罗伯特·士普·伍德鲁夫说：“只要‘可口可乐’这个品牌在，即使有一天，公司在大火中化为灰烬，那么第二天早上，企业界、新闻媒体的头条消息就是各大银行争着向‘可口可乐’公司贷款。”

今天私域流量越来越火，其实伴随着私域流量共生的，就是要打造出来一个 IP，IP 本身就是私域流量池的概念。过去的品牌是私域流量池，提起凉茶想到的是王老吉，提到送礼想到的是脑白金……王老吉和脑白金这两个品牌就是私域流量池。我们说私域流量池，说到底就是把人装进 App 或者微信个人号里面，去长期持续地经营与用户的关系，经营到最后你就拥有一个被很多用户认可的、值得信任的、有温度的 IP。

打造个人 IP，普通人和专家拥有同样的机会

这个时代，科技的发展正在为每一个普普通通的个体赋能。个人可以不需要再依附于某个集体，你做过的项目、作品、经验完全可以打包带走，成为你自己的 IP 资产。

在 20 年前，一名自由职业者如果想接触企业，必须通过专业的第三方代理公司，这是因为信息不对称。但今天这个时代，移动互联网可以快速连接到世界上任意一个人，信息不对称的鸿沟被大大填平了。基于兴趣、技能和专业领域的社交媒体，为个人 IP 的建立和传播提供了无限的可能性。

我们在任何一个细分领域里有专长，就可以借由各种社交媒体平台输出内容，去向大众提供价值，换取个人知名度和影响力。移动互联网给了我们前所未有的、成为更好的自己的可能。

我一直强调，在这个时代，学历、出身、就职经历都无法真正证明一个人的能力。能证明能力的是什么呢？是你的产出。科技为个体赋能的今天，我们普通人有一条很好的路可以走：用好社交媒体，持续输出价值，构建自己的势能和超级 IP。

假设你在一家公司长久地工作，你所有的成就、经验和知名度都仅限于这家公司内部。你所有的一切都局限在这个很小的范围里，万一你离开了这家公司，你的经验还能不能派上用场？

唯一不属于公司的，能带走的是什么呢？

是你自己的品牌、声誉和影响力。

所以，这个时代越来越多的人专注于个人 IP 的打造：参加各种社群；与相关的行业和圈子建立连接；参加各种线下活动、演讲，出书，向公众输出自己的内容和价值……

他们并非以“一颗螺丝钉”的身份为公司工作，而是以“知识专家”“行业专家”的身份为客户提供服务；他们可能是个体，也可能是合伙制的团队；他们的客户可能是公司，也可能是个人；他们的服务模式，可以是长期合作，也可以是短期服务。

这样的超级个体以后会越来越多：独立的保险经纪人、理财规划师、品牌咨询师、形象顾问、营养师、健身教练、设计师、医生、律师……大家可以去微博或今日头条上看看，有很多很多的人，他们一边上着班，挣着工资，一边在社交媒体上以一个行业专家的身份出现。比如头条上我就注意到，有很多的医生，儿科的、耳鼻喉科的、中医减肥科的，他们已经拥有几十万甚至上百万的粉丝，实际已经慢慢地成为他们所在行业里的 IP 了。医生等职业是最容易打造个人 IP 的，因为他们有专业技能在身，提供的内容也足够细分和聚焦，而且他们的用户是海量的。

也许，我们很快会迎来一个“品牌即人”的 IP 时代。

不想失业？你需要为自己工作。简而言之，你必须学会一件事：把自己当作一个产品、一个公司来经营。

碎片化的时间里，藏着一个人的未来

现在的人普遍都焦虑，年轻人更是很浮躁，我也不曾例外。年轻人的焦虑就在于：欲望比能力和耐心多；想得太多、做得太少；眼高手低、好高骛远。

浮躁就是能力跟不上野心，浮躁就是不确定自己所坚持的会不会真的有结果。

为什么在移动互联网时代，人们获取的信息日益增多，知道得更多，懂得更多，反而更浮躁了呢？就是因为这个时代给我们的机会太多、诱惑太多、选择太多，人们会不断地寻找最佳的答案。这就像猴子掰玉米那样，掰到最后两手空空，也没有找到一个最佳的答案。

什么是最佳答案呢？

古人已经告诉我们了，“千鸟在林不如一鸟在手”。你能抓得住的才是最佳答案。余世存在《时间之书》中说的一句话让我记忆犹新：“年轻人，你的职责是平整土地，而非焦虑时光。你做三四月的事，在八九月自有答案。”

一个人对待碎片化时间的态度决定了他未来工作的潜力，也影响着他的一生。马云说：“年轻人的手机应该用来做生意而不是用来玩游戏。”因为碎片化的时间里藏着一个人的未来。那些被利用起来的碎片化时间都会成为命运的馈赠。那些被捡起的碎片，时间久了，也会积累成一个能量巨大的势能，能让你变得更加值钱，实现人生的跃迁！

人要进步，就要时刻与自己的本性做斗争。人的一辈子就是在跟自己的人性做对抗。人都有两个自我：一个精进的你；一个懒惰的你。你会成为什么样的人，取决你喂养了谁。

用好移动互联网工具，让我们免于平庸

任何一个人，今天接触的有用的知识和懂得的道理都是不缺的，甚至是冗余的。人和人的区别之一就在于对知识的加工、整理、吸收和学以致用。

任何一个普通人都有潜在的宝藏，有足以惊天动地却悄无声息的“核能”，只是在寻常的日子里，大多数人被惰性所耽搁，或者被不假思索的贪心所耽误了。**起点低的人在信息时代并没有低人一等！**只要有不竭的好奇心、强烈的学习意愿再加上一点学习能力，每个人都有能力改变自己的命运。我们每个人平均每天有4个小时的碎片化时间，拿出来2个小时，聚焦于一个细分领域，去学习、去提升、去输出，就这样日拱一卒地坚持做下去，三五年后，你很有可能就会成为这个细分领域里的“意见领袖/超级IP”。要相信“日拱一卒”的巨大力量，任何一件看起来简单到不起眼的小事儿，放大了10 000倍，都是极其不得了的大事件。

我们努力学习，努力修炼内功，努力地输入和输出，不是为了感动谁，而是为了在选择的时候有主动权，在被选择的时候能脱颖而出，能够

让自己随时跳出自己厌恶的圈子。

不管做哪一行，也不管做了多久，刚开始干还是干了几十年，成事的方法就是 6 个字——“结硬寨，打呆仗”，这其实正是拉开人们距离的最主要原因之一。做事要做好，一是要聚焦，二是要持续投入时间、精力。你看有的人做事情，可以每天投入十几个小时，而且不觉得疲惫，反而很享受，这说明他做的事情是自己热爱的事情。人的精力都是有限的，在没有找到自己热爱的事情时，绝大多数的人每天真正投入到工作上的时间平均只有 2 小时。

很多的人只愿意快速成长为参天大树，却不愿意“扎根”！每个优秀的人都有一段沉默的时光。在那段时光里，他们付出了很多努力，在蓄积能量，时刻准备破土而出，迎接阳光。这个过程我们把它叫作“扎根”。

持续输出价值，是一个人成长最快的路径，也是找回简单自我最快的方式。今天是便利的信息化时代，人人都是自媒体，人人都掌握着话语权。理论上只要个人愿意，都可以凭借**移动互联网工具**传播自己，让自己变得有“专家感”，让自己变得更有价值，让自己的价值被越来越多的人认可和信任，让自己成为一个自带流量的 IP。

我们内心真正想要的东西不会是踮踮脚尖那么简单。人最可悲的地方就是一边抱怨生活，一边嘲笑他人的勇敢，然后心安理得地过着自己失意的人生！当我们的力量很小的时候，遇见的问题就很大；当我们足够强大时，遇见的问题都很小。

在怀疑的时代依然需要有信仰！我们不要去等别人改变，或者期待一些好事发生，要自己主动去改变你想要改变的事情。要修炼自己的核心竞争力，要有拿得出手的一技之长。还要懂得忍耐和等待，在煎熬中把一件件小事做好，直到做成。工作没有高低贵贱之分，但在任何一个领域，想要有所成就，曾国藩践行的一句话“结硬寨，打呆仗”，就是成事的黄金法则！谁践行这 6 个字，谁就能成事。

打造 IP 的本质是打造标签

标签只有一个作用——识别。

你是谁？你是做什么的？你代表什么？你做得怎么样？

一个 IP 所指代的主要含义就是这些，标签就是识别你我他的方式。把自己标签化，就是告诉别人自己为什么与众不同，只有与众不同才能够被别人记住，不断实现差异化才是一个人最重要的核心竞争力！

如果我们能在茫茫的互联网海洋里占据一个专属的词语，IP 就打造出来了。提起同道大叔你想起了什么？提起 papi 酱你想起了什么？提起吴晓波你想起了什么？……你能想起来的那个词、那句话，就是你给他们贴的标签，也是他们刻意经营的标签。

所以打造 IP 就需要紧紧地围绕“你是谁？你是做什么的？你代表什么？”持续输出内容，讲好这里面的故事，从而让越来越多的人感知到你做得很专业。当在网上随处都可以看到你的内容，你的影响力越来越大，就会有很多人追随、信任你，最终产生商业价值，这个时候个人 IP 就逐渐养成了。

对打造 IP 理解上的误区

有人会觉得打造 IP 很难，认为 IP 都属于那种大明星式的人物，我这辈子想想都可能是奢侈。

其实不然！

有 1 个人认可你，信任你，觉得你是专家，你就是 1 个人的 IP。

有 100 个人认可你，信任你，觉得你是专家，你就是 100 个人的 IP。

有 1 000 000 个人认可你，信任你，觉得你是专家，你就是 1 000 000 个人的 IP，那就是超级 IP 了。

打造个人 IP 最简单的方式，可以先从自己的微信朋友圈开始。先在 5 000人里打造出来自己的 IP，然后再遵循同样的原理，去更多的社交媒体平台上输出内容，从而影响更多的人。

打造个人 IP 的三步走战略

在今天这样一个个人崛起的时代，人人都可以打造个人 IP，只要你有足够的企图心。不管你现在在做什么，有多么好或者多么不好，都有机会。这个机会并不会因为你没钱而比别人少了什么，最重要的是你有一颗坚定不移的心！我认为这就已经足够了。

那么，要打造个人 IP 需要做好哪些准备呢？

我总结了三步走战略。

懂点传播学，提升驾驭社交媒体的能力

这是对认知层面而言的！

今天是社交媒体蓬勃发展的时代，你怎么理解社交媒体，怎么理解移动互联网，至关重要！

互联网是怎么改变这个世界的？

可归结为两点：①信息流通的成本趋近于 0；②信息传播的范围全球无死角。

移动互联网和智能手机的普及把人变成了媒体，人成为媒介的延伸，新媒体中最厉害的是“人”媒体。过去在移动互联网之前，媒体是中心化的，你打广告就只能找央视、报社，你做搜索优化就只能找百度……那个时候传播的中心是“客厅”，一家人围坐在客厅里收看电视节目，而今天这一切全变了，媒体去中心化了，年轻人已经不看电视了……传播的中心变成了一个个的手机屏。

前文中，我花了较大的篇幅讲经典的传播学原理和规律，就是为了让我们能够更好地理解和更高效率地驾驭社交媒体。传播中心的改变、媒体的去中心化、人人都是自媒体、人是“媒介”的延伸，我把这一切称之为“新媒体思维的建立”，这就是打造个人 IP 的第一步战略！

聚焦在一个细分/垂直领域，勇敢地给自己贴上一个标签

标签也是一种定位，是根据个人的定位提炼出来的一个“互联网名词”。我们可以根据自己的擅长、过去的积累、自己能调动的资源以及想要改变某一个领域的决心，去发现、找到和聚焦在一个细分/垂直的领域/行业，给自己贴上一个容易识别的标签，勇敢地去做这个领域的“第一代言人”。

这是第二步战略。

怎么找到个人标签？

人，最难认识的就是自己。人的一生，真正能体会到的幸福感，就是从认识自己开始的，当你发现既能激发你强烈的兴趣，又契合你专业知识的领域，那就是你最适合探索和成长的地方，你在那个地方的定位就是你的标签。

对于年轻人来说，要找到定位还是很难的，因为年轻人选择多，心不定，容易浮躁。一个人过了 35 岁以后，选择就没有那么多了，到了这个岁数，回过头再看看——有什么事是你已经持续干了超过 5 年的，这件事大概就是你后半生要从事的事业。如果就剩一件事能干、可干，这件事就是你的定位，你的标签就从这个定位里来。绝大多数的时候，一个人不是找不到自己的标签，而是标签太多了，感觉自己什么都能干，就是不知道选择干什么。或者一年走马观花式的，选择做好多事，就是没有一个能长期坚持的。

《大学》中说："知止而后有定，定而后能静，静而后能安，安而后能虑，虑而后能得。"只有当一个人真正了解自己能干什么、不能干什么的时候，心才会开始安定，才开始不迷茫。天命所归的事或者说让人不迷茫的事有三类：一是自己喜欢的，做这件事是一种享受；二是自己擅长的，可以是天赋，也可以是后天习得的；三是对他人、对社会有意义的，也是一种追求人生至善至美的高境界。

持续不断地做好所在细分领域的内容营销，持续积累自己的行业势能

前文讲到内容来源的四大维度——产品维度、用户维度、公司维度、行业维度，把我们所在、所选择的行业里的用户需求、痛点、信息不对称的地方全部找出来，整理成内容，在朋友圈、在各大主流社交媒体平台上进行各种形式的输出（文字、图文、音频、长视频、短视频……），用内容连接用户、筛选用户，获取源源不断的精准流量。

同时因为内容是你主导、你原创去做的，因此这个内容也一定会留下你个人鲜明的人格化痕迹，人格化使得任何人无法再模仿你，人格化是一个 IP 坚不可摧的屏障和壁垒。你去外面说一句"观众朋友们，我想死你们了"，人们立马想起的是冯巩；你去用漫画表达星座，即使是原创，人们也会说你"抄袭"同道大叔……

关于如何做好内容营销，如何提升内容营销的效率，在前文中有详细的讲解，在此不再赘述。做内容是比较难的，所以做的人才少，能想到这么做的人更少。但知道了这些也就知道了怎么去做内容。你可以去买相关的书籍，可以去网上搜集相关的信息和资料，可以去访谈这个行业的从业者，可以去做用户的需求调查，总之只要你想得到这个内容，一定有办法。任何行业都值得重新再做一遍，这就是机会！

厚积薄发才是人生真谛

一件事儿，你没有认真地做三个月、半年，你就没有发言权；没有去

做一年、两年的，你就不能说懂；没有去做三年、五年的，你就不能称之为专家。

明代学者胡居仁说："苟有恒，何必三更起五更眠；最无益，莫过一日曝十日寒。"打造个人 IP 不可能一蹴而就，速生速死的不叫 IP，只能叫昙花一现。打造个人 IP 一定是长期持续的过程，它需要我们足够专注，足够有耐心，足够沉浸在自己要做的事情中。当你矢志不渝地做一件事情的时候，你会尝试所有可能，如果你只是想试试，就会有无数个借口。只有保持专注，这个世界才会为你让路，专注力是最好的竞争力。

任何梦想的实现都是持续的结果，一锹挖不出井来。成为任何领域的 IP 都是一次长跑，这个过程漫长而困难。关注长期的人，比关注短期的人有巨大的竞争优势，所有光鲜亮丽的背后，都有我们想象不到的坚持和自律。得到 App 创始人罗振宇、樊登读书会的樊登、吴晓波频道的吴晓波……这些我们熟知的超级 IP，无一不是这样走过来的。

成为 IP 的过程一定不是一帆风顺的，这个过程中会遇到许多困难、焦虑、无助、无望的时刻，这是对我们的巨大考验。人们总是对短期收益期望过高，却对长期收益期望过低。人们总是会高估两三年内的自己，却又会严重低估 10 年后的自己。时光流逝，我更强大，才是精彩人生的底层逻辑！

打造 IP 是一条孤独、漫长的道路，但并不拥挤

真正的高手都在默默地下着笨功夫；只有蠢人才整天寻找捷径。在一个方向上持续努力的程度，决定我们最后达到的高度。简单的事情重复着做，重复的事情坚持着做，最终成为赢家！

我们要想有所突破，就需要"向内求"，突破原有的认知，建立新的认知。民间有句俗语说："不受烟火不成神，不受折磨不成人。"曾国藩也说人要在"事上磨"。做好任何一个行业、成一件事，都是不容易的。要

修炼成为某个行业里的专家，非得脱几层皮，把自己好好地磨一磨不可，这样的人生才会变得锋利。

三年入行，五年懂行，十年称王。任何一个行业都不容易，宁可五年做一件事，也不要一年做五件事！成功的结果人人想要，成功的路不是人人想走。遇到困难和各种诱惑就转行的大有人在，成功路上并不拥挤，因为坚持的人不多，大部分人都是自己放弃的。

在 1 米宽的地方向下挖 1 000 米深。

2017 年以前，我也是秉着跟风的逻辑做事。追风口、追热点，什么热、什么火就去做什么。公众号火了，做公众号；众筹火了，做众筹；代运营火了，做代运营；小程序火了，做小程序；直播火了，做直播；区块链火了，又去买虚拟币……结果可想而知。

但是，今天回过头来看这些事情，在这众多领域里面，也不可谓没有去投入，也不可谓不辛苦，但是没有一个有收获的，反而还赔进去很多。

但是我从 2017 年以后，就聚焦在一个领域、一件事情上面，傻傻地去坚持、去积累、去实践。我一直相信并践行一句话——在 1 米宽的地方向下挖1 000米深。持续地挖，不去管外面是什么天，就是不停地挖挖挖！当然也没人会在这个阶段搭理你，你一定是孤独的、怀疑的、苦闷的……

普通人和高手的区别就在于：普通人做事总是期待一步到位，削尖了脑袋找捷径，结果一生一无所获，什么捷径也没找到；而高手信奉的是滴水穿石，厚积薄发，日拱一卒，他们很懂得在 1 米宽的地方，傻傻地往下挖 1 000 米。

挖第 1 个 100 米的时候，旁边连个围观的人都没有。

挖第 2 个 100 米的时候，开始有人围观了，但围观的人都是说他傻的人。

挖第 3 个 100 米的时候，围观的人更多了一些，但是这些人也仅仅是围观，是看客，还有幸灾乐祸者。

挖第4个100米的时候，出水了，但水还不多，此时已经开始有人动摇自己的信念、跃跃欲试，也想跟着他一起挖，或者自己找个地方也去尝试向下挖1 000米。

当挖到第5个100米的时候，水已经源源不断了，周围站满了羡慕的人。

当挖到第10个100米的时候，他已经成为这个领域的超级IP，此时周围只有忠实的信众。

虽然直到今天我还在“挖”的路上，但阶段性地看，我两年前一直想去做的一些事情、想去实现的一些事情，现在已经部分实现了；过去追着别人去做一些事情，今天已经有一些人想要追着我来一起合作做事情了。

我这是在反思我自己。或许这也是一种人生的智慧吧。功利的、快速的事情，在多数情况下带给我们的是灾难。反而你傻傻地去坚持的那件事情，会持续给你带来源源不断的机会和丰厚的回报。

你拿你的不专业去追别人专业的事儿，一定是追不上的。进入一个新的领域，前期一定是不断地交学费。只是人生不能总是当“学生”交学费，总要找到一个自己的优势点，“专”于一件事，人生不能总是无限的0—1—0—1循环，总要认准一个领域、一件事，持续去突破，从0—1再从1—100，直到干成！

打造个人IP，企图心是唯一的门槛。有了企图心，再加上正确的方法，最重要的一点就是持续不断地做下去，发扬水滴石穿的精神，践行日拱一卒的精神。一年、两年、三年地去积累势能，一定可以大成。

这是打造个人IP的第三步战略。

打造IP的公式是：**IP＝标签化×内容力×持续积累势能**。

打造个人 IP 的机会分析

互联网有个“1%法则”，它指的是如果在网上有 100 个人，只有 1 个人会创造内容，10 个人会与其互动（点赞、评论或提供改进意见），而其他 89 个人仅仅是浏览。这是一种迷因现象，它是由 Youtube 统计出来的。以每月 2 000 万用户计算，每一天有 1 亿的下载量而上传量只有 65 000。这相当于每 1 538 个下载用户中只有 1 个上传内容。之前人们认为 80% 的内容是由 20% 的用户制造的，根据 Church 的调查显示，维基百科中 50% 的内容是由 0.7% 的用户提供的，而超过 70% 的文章是由 1.8% 的用户撰写的。

在整个社交媒体平台上（微信朋友圈、微博、头条号等），看内容的用户很多，但做内容的很少。在 11 亿网民中，除去年纪太大和退休的人，还有部分上学的学生，我们按照 8 亿网民计算，乘以 1% 会输出内容的人，就剩 800 万人了。

如果新媒体矩阵化运营 + 持续输出内容 3 年以上，还能淘汰掉 99% 的人，那就只剩下 80 000 人，实际上能做到持续 3 年输出，连 1% 的人都不到。即使是80 000个 IP，在中国 14 亿人里多吗？其实一点也不多！相当于平均 17 500 个人里只有一个，也就是万里挑一。在任何一个领域，能够成为万里挑一的人，都是 IP。

当然这里面还会有个人的天赋以及内容的优质程度等因素没有考虑进去，实际上一旦你真的打算去打造个人 IP，你就会发现这条路上一点也不拥挤。难就难在找对路和能不能坚持做下去。

个人 IP 就是这么养成的。社交模式的内容营销本质就是靠谱的人创造内容，热心人转发内容，普通人观看内容。结果靠谱和坚持的人就成了意见领袖，乃至在某一个细小领域形成信息垄断，建立了自己的舆论场和超级 IP——私域流量池。

第3节 IP打造和IP驱动新营销案例剖析

对照打造IP的公式来剖析同道大叔的案例

背景资料：

同道大叔的创始人蔡跃栋，1988年出生于一个潮汕农村家庭。他高中学习美术，2009年考入清华大学美术学院。因为醉心创业的缘故，蔡跃栋在大学里的成绩一直是倒数，他的毕业设计是个马桶，本意是想戏谑和反讽一下毕业设计，没想到却拿了第一的好成绩。但他却一直都没有去领毕业证。

同道大叔打造个人IP的道路分为三个阶段：

【第一个阶段】因为他是学美术的，他擅长画一些漫画类的东西。一开始他在微博上也没几个粉丝，没几个人阅读、点赞和转发。他给微博里面的好友画一些卡通的小头像。想起来就画，想不起来几个月都不画。

这个阶段的他对创业还没有任何感觉，更像是一种打发时间的“业余爱好”。

（这是今天能查到的同道大叔最早的一条微博记录：2013 年 6 月 19 日）

（2013 年 6 月 28 日的微博截图）

这是他最开始的作品形式，创作内容的时间间隔也比较长，想起来就玩玩，想不起来半个月不发一条。

（2013 年 6 月 30 日的微博截图）

他还调侃过罗振宇，罗振宇在那个时候已经是大咖了，同道大叔还是“草根”。

这个阶段，即使我们今天去看，看到的转发数、评论数、点赞数也只有几十个，而如果在当时（2013 年），应该更少。

【第二个阶段】早期他的微博内容形式迭代非常快，他刻意尝试了很多内容形式，一开始是单纯地给粉丝画头像，后来开始追热点和恶搞，发一些搞笑的内容。

（2013 年 8 月 22 日：转发：903、评论：330、点赞：142）

后来他开始尝试用一张长图来讲一个故事或段子。他从单纯的单张小头像，变成用一个长图去表达一个故事，比如女汉子的故事、乌鸦喝水的故事…… 这个阶段也没有固定的内容，主题也不固定，频率也不固定。

（2013 年 7 月 16 日：转发：59 075、评论：17 592、点赞：9 588）

不得不说，他的原创能力真的很强大。他原创的第二个故事长图《乌鸦喝水》就有了 5 万多的转发量。尝到这个甜头之后，同道大叔就专注于故事长图的形式，两天出一个内容，几乎每星期都有一个爆款，这个阶段明显可以看出来他比之前更加勤奋地输出内容了。

通过这些幽默的故事长图，他迅速积累了第一批粉丝。到 2014 年年初，同道大叔的微博已经有了 10 万粉丝。

如下图所示，2014 年 6 月 2 日，这是我在他的微博找到的最早的一条关于星座的微博，这个时候他还只是想往星座方向走，还没有真正去做。

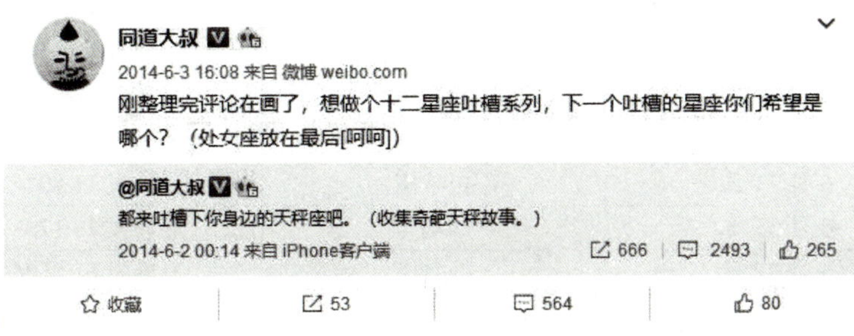

【第三个阶段】经历以上两个阶段，大概持续了一年多的时间，他才找到了星座这个话题。因为星座有 12 个，且可以分男女，相比之前的东一榔头西一棒槌的不固定主题，星座给了他源源不断的话题。他可以用一个长图、漫画去表达一个固定主题的内容。

如下图所示，2014 年 6 月 4 日发的微博。执行力够快，前天才有想法，一天就做出来了。第一条天秤座发出来就火了，转发 14 523、评论 7 320、点赞 2 360。

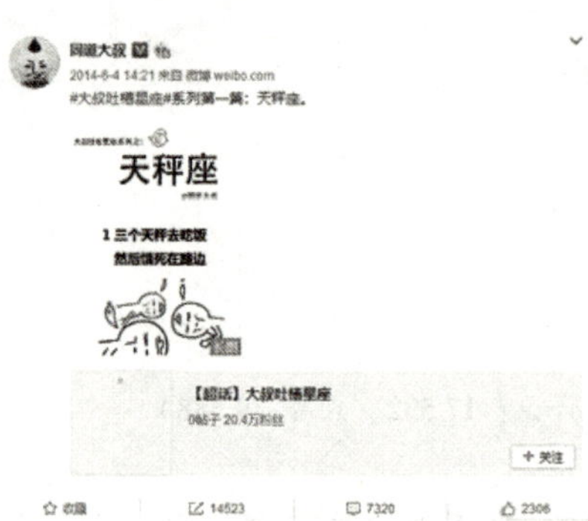

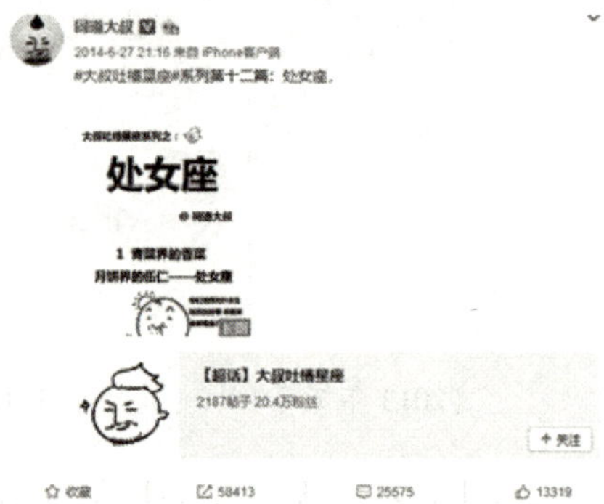

“大叔吐槽星座”系列第一季，从天秤座开始到处女座结束，12 个星座的漫画画完，他只用了 23 天，真是拼了。

“大叔吐槽星座”系列第一季的数据

上线日期	星座	转发量
6 月 4 日	天秤座	转发 15 054
6 月 6 日	天蝎座	转发 20 034
6 月 9 日	双鱼座	转发 10 900
6 月 11 日	水瓶座	转发 15 153
6 月 13 日	巨蟹座	转发 16 546
6 月 15 日	双子座	转发 13 546
6 月 17 日	狮子座	转发 18 414
6 月 19 日	金牛座	转发 17 722
6 月 21 日	射手座	转发 13 619
6 月 23 日	白羊座	转发 11 804
6 月 25 日	摩羯座	转发 13 128
6 月 27 日	处女座	转发 61 062

相比较之前的乱碰，同道大叔终于找到了人生的那把钥匙。紧接着2014 年 7 月，他立马就推出了“大叔吐槽星座”第二季：千万不要和 ××× 座谈恋爱。

今天我们翻回他五六年前的微博，也能明显看出来他比之前勤奋了很多，一个月中他没有一天闲着。

一直到 2015 年 3 月 12 日，他发了“大叔吐槽星座”第五季的最后一篇：《我为什么喜欢巨蟹座》。转发有 47 506 次。

从第一条星座吐槽的微博开始，同道大叔一发不可收拾，这五季的活动一共持续了大半年，他的粉丝就到了 500 万，成为第一星座微博大号。从此以后他就开始爆发了……

2014 年 8 月 23 日开始，同道大叔在公众号上推送了第一篇文章，照搬微博内容，排版都没有，直接丢一张图进去，就轻松达到了 1 万多阅读量。

2014 年 8 月更新了 3 篇，2014 年 9 月发了 2 篇，之后就暂停更新了。此时同道大叔在微博上的影响力如日中天，应该是看不上微信这点流量的。到了 2014 年 12 月，他才又开始更新公众号，依旧把微博的内容照搬过来，然后再稍微排版一下，每篇阅读都轻轻松松好几万。

在 2016 年 8 月的公开报道中，同道大叔的微博、微信粉丝合计有1 600万，全平台超过 3 000 万。

同道大叔的战略升级：

微博、微信上大号很多，网红也很多，但不是每一个都能成为 IP。网红的生命力有限，很大程度上依赖个人，如果想做得更大，就必须进行战略升级。

2015 年 4 月，在粉丝增长最为迅速的时候，同道大叔成立了深圳同道大叔文化传播有限公司，开始公司化运营，将微博、微信的知识产权保护起来。

1）从KOL向IP进行升级

最主要的就是改变了漫画人物形象。

同道大叔早期的漫画中，每个星座都是一个小白人，从2015年8月开始，才陆续推出了“uncle’s friend（同道大叔和12星座）”卡通形象，给每个星座都创造了一个辨识度非常高的角色形象。

2）从IP向品牌进行升级

IP是虚拟的资产，想要变成品牌，就必须要有实际产品支撑。同道大叔在推出12星座形象之后，紧接着就开始开发各种衍生品，如手机壳、充电宝、公仔等，涵盖服装、家居、饰品、3C、文具、休闲食品、动漫、文化衍生品等各品类。

3）从线上到线下

2016年7月8日，在广州正佳广场举办的“同道大叔·潮爆星座嘉年华”活动，一个多月的时间，门票卖出过万，衍生品销售额达到200万元。

2016 年 9 月，他在上海开了星座主题咖啡馆，不仅卖咖啡，也展示和销售同道大叔的衍生品。据称每月流水为 80 万元左右。

同道大叔的上岸之旅：2016 年 12 月 8 日，美盛文化发布公告，以 2. 175 亿元收购同道文化 72. 5% 的股权，同道文化估值正好 3 亿元。同道大叔本人从这笔收入中获利 1. 78 亿元。

同道大叔案例总结：

同道大叔的标签化：以漫画 + 文字的形式，从星座吐槽这个点切入，做女性情感和社交。同道大叔现在已经是星座的代名词了。

星座本身是个好定位：

第一，话题性非常强，有粉丝基础。

他之所以选择这个方向切入，是因为有一次在丽都旁边，他发现前面的女孩子只要一聊情感就会聊到星座。而他本人则因为之前谈了一个处女座的女朋友，很受折磨，所以就看了很多星座方面的知识，比较懂星座。

第二，有市场在，很容易变现。

星座话题跟生活密切相关，所以不会缺广告。比如跟智联招聘合作，做了“如果十二星座找不到工作怎么办”。同理，跟滴滴打车合作，做了“十二星座打不到车怎么办”。

大家从案例中也可以发现，谁也不是一下子就能够找准自己的标签的。它需要你自己在实践过程中不断地总结、提炼，接受粉丝反馈再结合自己的擅长以及想要做好的那件事，才会最终找到。指望坐在那里空想自己的"标签"是什么，一般是不会找到的，因为说是给自己"贴标签"，其实并不是你自己能够贴得上、立得住的，这个标签一定是你的用户给你贴上的。你不去实践，怎么能让用户给你贴标签呢？

同道大叔的内容力：我刷完了他从2013年6月至今六年的所有微博、微信公众号内容，上万条信息，光看下来都花了我半个月时间。从2014年6月"大叔吐槽星座"第一季，2014年7月"大叔吐槽星座"第二季，一直到2015年3月12日，"大叔吐槽星座"第五季……这就是内容力。

同道大叔的持续积累势能：六年时间里做一件事，从微博到微信公众号，从线上到线下，从单纯的信息到星座周边产品和衍生物，都没有离开他自己的定位。这就是持续积累自己的势能！

故宫的IP营销之路

【背景资料】故宫又称紫禁城，是明清两代24位皇帝生前居住的地方。故宫占地72万多平方米，是世界上最大的宫殿建筑群。故宫于明成祖永乐四年（1406年）开始建设，永乐十八年（1420年）建成，迄今已有近600年历史。1925年起紫禁城成为故宫博物院，里面藏有珍贵文物1 807 558件（套），堪称一座艺术宝库。

故宫不只是一座建筑群，更有着令人神往的历史沉淀。而故宫的文创新品除了传递厚重的时光，也必须有喜欢故宫的人能感受到的温度。下面我将为大家剖析故宫的IP营销之路，看看故宫如何利用IP驱动开发文创爆款产品，如何实现了品牌年轻化的转变。

故宫的品牌年轻化：从权威到卖萌

故宫真正的转变其实是从学习台北"故宫"开始的，从严肃的紫禁城到“萌萌哒”故宫，转变源自 2013 年。2013 年，台北“故宫”一款“朕知道了”的纸胶带在网上爆红，售价人民币 40 元的纸胶带被瞬间抢购一空，它也成为大陆游客最爱的伴手礼。也正是从这款纸胶带开始，人们渐渐发现原来庄严的“故宫”也可以很风趣。

这款纸胶带给北京故宫带来了灵感，这也让时任北京故宫博物院院长的单霁翔认识到了文创周边产品的庞大市场。2013 年 8 月，北京故宫第一次面向公众征集文化产品创意，举办以“把故宫文化带回家”为主题的文创设计大赛。从这以后，故宫就一发不可收拾，开始了紧跟社会化媒体步伐的 IP 营销之路。

我们绝大多数人对于故宫的第一次印象转变，可能就是从“雍正萌萌哒”帝王表情包开始的。

都让让，朕要开始卖萌了！

2014 年 8 月，一组“雍正：感觉自己萌萌哒”的 cosplay 动态图走红，瞬间吸粉无数，传遍了各大网络平台。洗脚的雍正皇帝，逗完老虎逗小猴儿，打着瞌睡钓鱼居然还钓着了……很多人看完第一感觉是：“怎么这么接地气呢？这还是电视上那个四爷吗？”

网友们纷纷心口不一地开始吐槽：“故宫你变了，什么都敢拿来做表情包，连皇帝都不放过！”但嘴上是这么说的，还是控制不住自己转发的手，卖萌有料也取代了曾经冰冷厚重的年代感，成为故宫的新标签。

不仅雍正学会了摆剪刀手，鳌拜学会了卖萌，就连道光都开始唱起了流行歌曲。为了让大家了解历史，故宫可以说是非常拼了。

故宫借助真实历史创造出一系列“虚拟形象”，这些“虚拟形象”很接地气、很卖萌，打破了人们对于历史人物的固有思维。这样的反差萌形象让故宫和年轻人之间有了交流，使得近 600 岁的故宫以一种前所未有的姿态变得年轻。这一点也成为故宫 IP 的一大特点——反差萌。

拍摄纪录片和电视节目，持续讲好故宫的故事

故宫的“火爆”还与近年来持续热播的宫廷剧《延禧攻略》《如懿传》《甄嬛传》等密不可分，年轻人尤其喜欢这些宫廷剧。

除了宫廷剧，2016 年 1 月一部纪录片《我在故宫修文物》也让故宫引起了轰动。它揭开了文物修复行业神秘的面纱，深受年轻人欢迎。故宫博物院的文物修复师成为年轻人青睐的职业，确切地说，故宫的“工匠精神”打动了他们，证明了传统文化在年轻人中的凝聚力与感召力不容小视。

早在 2005 年 10 月故宫就与央视合作，推出了 12 集大型纪录片《故宫》。2012 年，故宫联合央视再次推出《故宫 100》纪录片。这是继《故宫》之后，又一次以故宫为主题打造的影像作品，每集用 6 分钟的时长讲

述故宫 100 个空间的故事。

还有 2018 年 11 月 9 日起热播的电视真人秀节目《上新了 · 故宫》，也是由故宫博物院和北京电视台联合出品。

把新媒体传播和内容营销做到极致

如果从新媒体传播的角度去看，故宫更像是一个“媒体公司”。今天是一个“人媒体”的时代，所有的公司都应该是媒体公司，所有的行业都应该是内容产业。故宫在这方面可谓“典型”。

“故宫博物院”在微博上有 623 万粉丝，“故宫淘宝”在微博上有 103 万粉丝，“故宫淘宝”在微信公众号上有 100 多万粉丝，“微故宫”的公众号的粉丝数虽然暂不可考，但是动辄 10 万 + 的阅读量可以让我们感受到背后用户群的庞大……

打造自媒体矩阵是企业贴近用户、收获深度用户的最佳方式，自媒体的用户忠诚度比其他渠道更高，转化效果也更好。

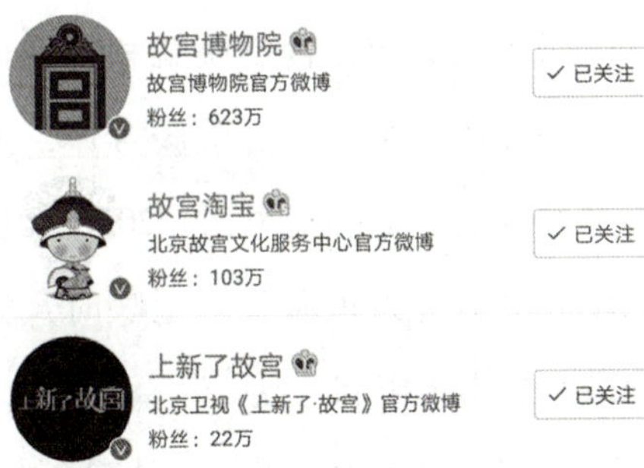

多款 App 全方位展示故宫

如果说微博是展现故宫好玩逗趣的一面，那么故宫的精深历史和文化底蕴则在其系列 App 上得到了更好的呈现。自 2013 年开始至今，故宫累计出品了“每日故宫”“韩熙载夜宴图”“皇帝的一天”“故宫展览”“胤禛美人图”“清代皇帝服饰”“紫禁城祥瑞”“紫禁城祥瑞 PRO”“故宫陶瓷馆”9 款 App 应用。人们说“故宫出品，必属精品”，故宫一直在 App 质量上精益求精。2018 年，苹果从上万个免费 App 里评前三十名，故宫占三项。其中，最得意的 App 是“每日故宫”，让大家足不出户就能欣赏故宫那些传世珍品。

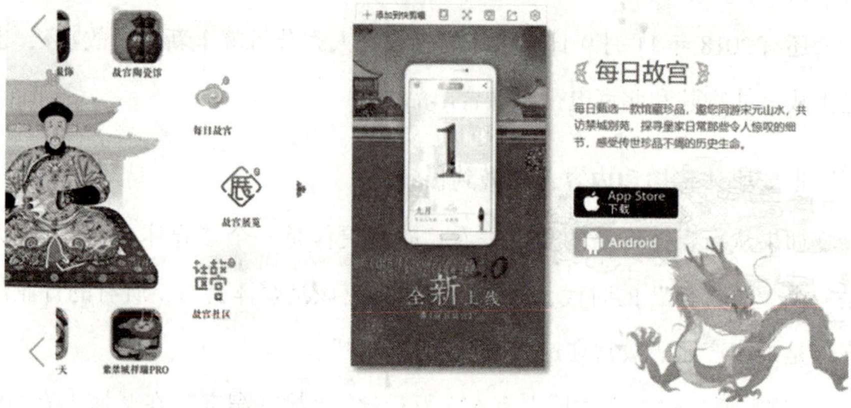

跨界合作，借势营销

2016 年，故宫先后与阿里巴巴、腾讯两大互联网巨头达成长期合作关系，合作开发 IP，推进电子商务。

2016 年，故宫博物院就和日活百万的换装养成类手游奇迹暖暖合作，把故宫的龙袍搬进了游戏里面。2016 年热门的动画电影《大鱼海棠》上映时，就联合故宫推出了定制产品。

故宫还跟周大福等珠宝品牌合作，实施高端路线；与时尚博主黎贝卡合作推出高端联名系列；与时尚芭莎合作推出“故宫 · 芭莎红”玲珑福韵项链套装，并请来一堆明星为其站台。

2017 年，故宫还跟电子书界的老大 Kindle 联合推出了 Kindle Paperwhite X 故宫文化定制保护套以及联名礼盒，把故宫博物院的藏品元素融入保护套的设计当中。年轻化的阅读方式与故宫的厚重文化巧妙融合，这也是一次十分出彩的品牌年轻化跨界营销。

2018 年 8 月，故宫文化服务中心与农夫山泉展开了跨界合作，推出了“故宫瓶”。

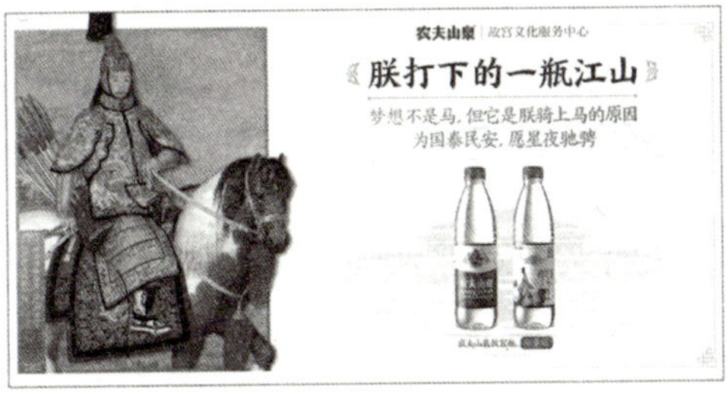

2018 年 10 月 25 日，小米 MIX 3 新品发布会在故宫举办，当天还一同发布小米 MIX 3 故宫特别版。它与故宫博物院联合研制宝石蓝色手机，机身铭刻故宫天一门前的獬豸神兽纹样。

可以说，故宫的跨界合作已经渗透到了方方面面，不管是渠道、事件还是人物，故宫一直在努力寻找可以借势的热点来为自己的品牌宣传造势，为品牌引入流量。

如今，再提起故宫，每个人的反应都是："故宫也太酷，太潮，太会玩了吧!"故宫彻底颠覆了它高冷与疏远的形象。

故宫的 IP 升级之路也完全遵循着打造 IP 的公式"IP = 标签化 × 内容力 × 持续积累势能"。过去故宫的 IP 标签形象是历史悠久的文物保护单位，现在故宫的 IP 形象是新潮时尚。持续不断的内容营销，让故宫这一古老品牌摇身一变，成为最古老又正青春的“超级 IP”。

故宫文创之路

故宫文创始于 2008 年成立的故宫文化创意中心。早在 2010 年，故宫就开始利用 IP 的影响力来大力推广自己的文创产品，不过当时销量低迷。

在故宫的形象转变之前，故宫在大多数人眼里就是“历史”两个字，早期的故宫文创产品只是简单复制，生硬地加入一些故宫元素，给人一种不自觉的距离感。2013 年以后，故宫文创产品的画风开始转变，故宫变文物为文化，再把文化与用户需求结合起来，研究人们生活中需要什么样的文化产品，再开发出接地气的文创产品。

截至 2018 年年底，故宫博物院共计研发文化创意产品 10 000 多种，故宫的文创产品销售额也从 2013 年的 6 亿元增长到 2018 年的 15 亿元。朝珠耳机、皇帝折扇、“奉旨旅行”行李牌等无一例外都成了网红产品。

故宫 IP 的走红，很大程度上来自于一本正经的“卖萌”，当庄重肃穆的历史与各种实用小物件天衣无缝地结合，叫人欲罢不能。过去故宫的文创产品是简单复制，现在故宫的文创产品是匠心实用的典范。

故宫 IP 营销的总结

用户定位：25～34 岁年轻用户

有用户才有市场，发现了用户需求，也就发现了市场。对于今天的企业来说，就是要先找到产品对标的用户，研究他们需要什么，再把自己产品相应的信息与用户需求联系起来，才能打动用户。

为什么在此之前，故宫文创产品的销量会持续低迷？因为在目标用户的定位上，故宫就走了不少弯路。

刚开始时，故宫将自己的文创产品用户定位在 35～50 岁的人群，以男性为主，所以在产品设计上都是偏向保守。

在几款年轻化的产品爆红之后，故宫终于开始重视年轻群体。获得年轻人的喜欢是故宫近年来明显可见的努力方向。故宫开始把用户定位在 35 岁以下的人群，尤以女性为主。

根据故宫淘宝的用户分析，我们可以看出，25～34 岁的用户群已经成为故宫文创产品的消费主力，尤其女性比例已经接近 80%。这部分年轻人正是 85 后、90 后人群，刚刚从事工作，对新鲜事物、热门话题、互联网化语言及潮流产品十分推崇。

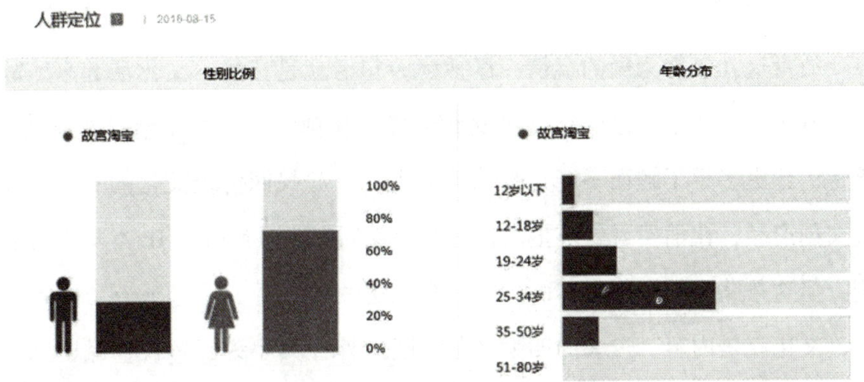

故宫淘宝用户分析（源于微指数）

产品定位：以文化创意和大众需求的结合为核心

在产品的研发上，故宫在以文化底蕴为基础的前提下，以大众实际需求为主，让文创产品更具实用性，比如扇子、茶杯、手机壳、笔筒、书签等。

在产品风格上，故宫也是兵分两路，一方面打造萌系产品来迎合年轻群体，另一方面也在保持研发典雅别致风格的产品，来打动传统文化爱好者。

故宫文创产品之所以这么“火”，单霁翔认为“秘笈”有三：不是简单复制藏品，要研究今天人们需要的信息和生活需求；挖掘藏品内涵，寻找与今天社会生活的对接点，用文化影响人们生活；不断追踪使用先进的科学技术手段，追寻无限远的传播能力。

这番话道出了故宫文创迅速蹿红的真谛。做出受人们欢迎的产品的第一要素是大众需求，什么是大家在生活中真正需要的东西？这才是首要考虑的问题。而“文化创意”是故宫文创的核心，每一件产品无时无刻不在体现着传统文化和现代艺术的结合美。

故宫文创：让文物“活起来”

故宫这几年努力做的事情，概括为一句话就是让故宫文化活起来。故宫找到了一条属于自己的路：**把文物变成文化创意，把文化创意变成文创产品**。让更多想了解而不能身临其境的人，一起找回传统文化的真实，通过文创产品，让消费者能够把故宫的文化带回家。虽然故宫IP本身不可复制，但这条路径是可以借鉴的——围绕文化做文章。

文化就是内容，过去的四大名著、国内外经典小说、影视作品、动画片等这些都属于文化范畴，这些都是经典的IP，它们都可以再次挖掘，提取新的意趣，寻找创意元素，结合年轻用户的需求，开发出新产品。这种产品往往一出来就是爆款！

后　记

私域流量崛起的背后，是企业业绩增长上的焦虑，是企业的获客渠道不畅、获客能力低下、获客成本高企不下带来的焦虑。同时，它代表着企业开始从“流量收割”（经营产品）到“经营用户”的思维转变。

移动互联网的下半场，疯狂的流量时代已经封场关停。随着用户红利的消失，越往后越会发觉私域流量一定是一件值得做的事儿！哪怕一开始做不好，也要积极投入精力去尝试，因为越往后越难做。所谓“红利期”，就是少数人在做的那件越来越重要的事儿。今天流量红利没有了，但私域流量的红利又来了。

企业若想打破流量瓶颈，就需要将博弈的阵营转向“存量市场”，投入人力、物力、兵力、财力，组建自己的“空军特种兵部队”，做好内容营销，搭建自己的私域流量池，把握住新的增长红利。不管是大公司还是小公司，经营的是高频产品还是低频产品，掌握私域流量的思维、方法、操作，都能大大促进用户连接，增加粉丝忠诚度和销售收入。

移动互联网时代就是实时连接的时代，可以全天候作战，学会用好当下的移动互联网工具，去连接用户—筛选用户—经营用户，就可以获取源源不断的精准流量。但是精通和掌握这个工具，需要实践实操，**在战争中才能学会打仗。**

在商业世界中，一切无视商业环境新变化的行为，对竞争对手的变化掩耳盗铃的行为，必将导致商业上的失败。如同马云所言：“很多人输就输在——对于新兴事物，第一看不见，第二看不起，第三看不懂，第四来不及。”

私域流量的核心本质是经营用户，是用户思维而不是流量思维。我们只有抓住事物的本质，赢的概率才会大。营销就是无限逼近用户，不论新事物的冲击有多大，一个基本的道理不会改变：离用户越近，离失败越远。

今天，私域流量这个玩法在个人/企业中才刚刚开始被接受和受到重视，还有很大的空间，值得加速布局。流量市场是靠争夺的，他多了，你就少了；你多了，他就少了。

现在，正是私域流量的红利期！